Marianc
Mam

Hosanna Infantil

Cancionero Religioso para el nuevo milenio

EDITORIAL CCS

Equipo colaborador:

— Antonio Alcalde Fernández.
— Domingo Pérez Villar.
— José Luis Aguilera Pallarés.
— Pedro Arroyo Revilla.
— Isauro García Ramos.
— Evangelina Falagán Villazala.
— Mª Teresa Espinosa Antón.

Página Web de EDITORIAL CCS: www.editorialccs.com

Portada: Concepción Hernanz
ISBN: 84-8316-292-X
Depósito legal: M-23696-2000
Fotocomposición: M&A, Becerril de la Sierra (Madrid)
Imprime: Palber Printer S.L.

Presentación

Los cancioneros HOSANNA son unas recopilaciones de cantos religiosos, **litúrgicos y no litúrgicos**.

La colección la componen los siguientes libros:

1. HOSANNA BÁSICO: Es un cancionero manejable. Contiene los textos de una selección de las canciones religiosas más utilizadas enriquecidas con una serie de canciones nuevas.

2. HOSANNA INFANTIL: Es un cancionero para los niños. Contiene los textos de las canciones de la sección infantil y una selección de cantos para distintas celebraciones y catequesis.

3. HOSANNA JUVENIL (con amplia sección infantil): Añade a los textos los acordes para acompañar con guitarra y algunas normas para la utilización correcta de los cantos litúrgicos. Contiene todos los cantos del Hosanna Básico e Infantil y amplía considerablemente el número de canciones nuevas.

4. HOSANNA-MÚSICA: Son las partituras con acordes de TODOS los cancioneros Hosanna.

Las canciones siguen el orden alfabético.

Seguro que faltan canciones. Contamos con sus sugerencias para futuras ediciones y siempre que podamos conseguir el permiso de los propietarios de las obras.

Deseamos que nuestro trabajo les ayude a cantar mejor las alabanzas del Señor.

«Cantad al Señor un cántico nuevo, cantad al Señor toda la tierra» (Salmo 96,1-2).

Orientaciones

Queridos niños: Yo soy la abuelita María. ¿No me conocéis?... Algunos diréis que sí y otros diréis que no. No importa. Pero sí que conocéis a alguna abuelita que os quiere mucho pero que os aguanta poco; esa soy yo.

Os voy a dar unas «pastillas» que están fabricadas de una sustancia muy especial. Las he comprado en la farmacia de la parroquia... ¿La parroquia tiene farmacia?... No digáis que ¡no...! porque es ¡sí...!, claro que esa farmacia es divina, un poco fantástica y muy, muy original. Es tan especial que no se ve, hay que imaginársela. Las pastillas se llaman «liturgia» y todos, toditos, todos os vais a tomar unas cuantas, os gusten o no os gusten; si alguno prefiere la ración en forma de gotas, también las tengo. Tanto las gotas como las pastillas tienen todos los sabores: saben a fresa, a chocolate, a vainilla... Además, estas pastillas no tienen contraindicaciones, o sea, que no hacen daño a nadie. Son tan buenas que cuando ¡por descuido! las toman algunos curas y catequistas, hasta rejuvenecen, claro, en sentido litúrgico. Hay bastantes que tienen la sana costumbre de tomarlas con frecuencia, aunque casi siempre lo hacen a escondidas.

A los farmacéuticos que distribuyen, casi en exclusiva, estas pastillas, los llamamos «liturgistas». ¡Vaya nombrecito! A veces son un poquito pesados, pero los aguantaremos.

Las pastillas «liturgia» contienen una serie de normas para hacer bien la Eucaristía y otras celebraciones. Nosotros sólo vamos a fijarnos en los consejos que nos dan para aplicar bien los cantos en la «Eucaristía».

1. Hay catequistas que en las eucaristías nos ponen cualquier canción. A esos señoritos y señoritas había que darles un tironcito de orejas y decirles que **para la Eucaristía no vale cualquier canto,** aunque sea muy bonito, nos guste muchísimo y sea muy marchoso.

2. **Las celebraciones tienen su propio RITMO**; los que las hacen deprisa las estropean y los lentos y pesados las destrozan.

3. En las celebraciones **hay que cantar lo justo**. No consiste en cantar un montón de cantos ni en no cantar casi ninguno. Además, los cantos hay que distribuirlos muy bien durante toda la Eucaristía.

4. **Los niños y niñas vamos a celebrar con Jesús**, no vamos ni a una catequesis ni a la hora formativa o cosas parecidas. **¡Vamos a expresar nuestra fe!** No sabéis muy bien lo que es eso. Pues todo lo que no entendáis se lo preguntáis a vuestros catequistas, que yo ya estoy cansada.

Y me callo porque ya he hablado demasiado; además, estoy viendo a cinco niños y tres niñas muy distraídos. Adiós y punto.

LA EUCARISTÍA

Ambientación musical

Cuando un deportista va a correr o a jugar un partido se concentra, se mentaliza y se ambienta; algunos hasta parece que hacen tonterías, pero no lo son. Nosotros, antes de que comience la Eucaristía, tenemos que hacer algo parecido: después de entregar los cantorales, de hacer un pequeño ensayo y de colocarnos en nuestro sitio, comenzamos con una pequeña ambientación.

Todos nos quedamos quietecitos escuchando las guitarras, el órgano o la música. Ya nadie sale a darse una vueltecita alrededor del altar ni a lucir el último modelito.

Si hay unas palabras (monición) de introducción, se escuchan y comenzamos a cantar el canto de entrada.

Comentario

CANTO DE ENTRADA

Decía un santo: «El canto en común es símbolo de la Iglesia, que de muchos miembros hace un solo cuerpo» (S. Juan Crisóstomo).

Esto está muy claro: si tenemos veinte muñecos de plastilina, los podemos juntar para hacer un muñeco más grande y más hermoso.

El canto de entrada acompaña la procesión del celebrante y sus ministros hasta el altar. Estos ministros no tienen nada que ver con los del gobierno, pero en el momento de la celebración son más importantes.

El canto de entrada debe:

- Tener un movimiento que no perjudique la marcha hacia el altar.
- Ambientar la fiesta que celebramos.
- Crear asamblea, crear comunidad.
- Favorecer la unión entre todos.
- Acompañar la procesión del celebrante y los ministros.
- Terminar cuando el celebrante y los ministros se hayan colocado en su lugar.
- Ser cantado con entusiasmo, pero siempre evitando los gritos; esos los dejamos para el patio.

El canto de entrada se puede sustituir por música de órgano o instrumental.

¿Os queda claro? Pues tomad buenos apuntes porque cualquier día os lo pregunto.

A

1. A JESÚS QUE VA A NACER
(CAMINANDO UN BORRIQUITO)

C. Gabaráin

1. Caminando un borriquito,
caminando va a Belén,
—y María lleva dentro
a Jesús que va a nacer. (Bis)
Muy cansada va María,
muy cansado va José
—¿quién le presta un rinconcito
a Jesús que va a nacer? (Bis)
A Jesús que va a nacer. Ah...

2. Va llamando por las puertas,
en las casas de Belén,
—pero nadie quiere abrirle
a Jesús que va a nacer. (Bis)
Los profetas anunciaron
al Mesías de Israel,
—pero nadie espera al Niño,
a Jesús que va a nacer. (Bis)
A Jesús que va a nacer. Ah...

3. El pesebre de un establo
con la mula y con el buey.
—¡Ay! qué poco le ofrecemos
a Jesús que va a nacer. (Bis)

Tú le ofreces una cuna,
la mejor que puede haber:
—son tus brazos esperando
a Jesús que va a nacer. (Bis)
A Jesús que va a nacer. Ah...

4. Hoy, María, yo quisiera
a tu lado y con José,
—ofrecer mi amor al Niño,
a Jesús que va a nacer. (Bis)
Quiera Dios que en nuestra casa
haya paz, amor y bien,
—y un rincón que está aguardando
a Jesús que va a nacer. (Bis)
A Jesús que va a nacer. Ah...

2. A LA FIESTA DEL SEÑOR

J. Elezcano

A la fiesta del Señor,
a la fiesta del Señor,
a la fiesta del Señor,
hoy venimos a escuchar,
a cantar y a perdonar,
a la fiesta del Señor. (Bis)

1. Y antes de entrar en esta fiesta
hay que dejar ante la puerta nuestro mal,
que si el Señor hoy te perdona
no es por cumplir ni por querer disimular,
es porque Dios nos ama a todos de verdad
y es porque tú y yo debemos perdonar.

2. Dile al Señor lo que te pasa
lo que te hace hoy sufrir y hasta llorar,

dile también que tienes días
en que parece que todo es felicidad,
dale las gracias porque te ama de verdad,
pídele ánimo y ganas de avanzar.

3. ADESTE FIDELES

Tradicional - s. XVII

1. Venid almas fieles,
alegres, gozosas,
corred presurosas
al santo portal.
Loor al nacido
infante hoy demos.
Venid y adoremos,
venid y adoremos,
venid y adoremos
al Dios inmortal.

2. Adeste fideles,
laeti triumphantes,
venite, venite
in Bethelehem.
Natum Videte,
regem angelorum.
Venite adoremus.
Venite adoremus.
Venite adoramus
Dominum.

4. ADIÓS, ADIÓS, AMIGO

M. Fuertes

Adiós, adiós, amigo,
muy contento marcharé
porque acabo de comer
el pan de Dios contigo.
Adiós, adiós, amigo,
qué alegría convivir,
qué alegría compartir
la paz de Dios contigo.

1. Llevaremos la esperanza,
la alegría de vivir,
la palabra que hace libres.
Tu palabra ya va en mí.

2. Escuchamos tu doctrina
escuchamos hoy tu voz.
Haznos voz entre los hombres,
mensajeros de tu amor.

3. Danos siempre el ser sencillos,
danos siempre de tu pan;
danos siempre el entregarnos
a alegrar a los demás.

4. Que los niños que hoy te escuchan
sigan fieles la verdad,
sean siempre tus amigos
y el reflejo de tu paz.

5. AL ATARDECER DE LA VIDA

C. Gabaráin

Al atardecer de la vida
me examinarán del amor. (Bis)

1. Si ofrecí mi pan al hambriento,
si al sediento di de beber,
si mis manos fueron sus manos,
si en mi hogar le quise acoger.

2. Si ayudé a los necesitados,
si en el pobre he visto al Señor,
si los tristes y los enfermos
me encontraron en su dolor.

3. Aunque hablara miles de lenguas,
si no tengo amor nada soy.
Aunque realizara milagros,
si no tengo amor nada soy.

6. AL PRINCIPIO

Mariano Fuertes

El cielo fue creado por Dios,
la tierra fue creada por Dios,
todo, todo ha nacido
en tus manos, Señor.

1. Al principio Dios creó
cielo, tierra, su esplendor,
las estrellas, los luceros,
con la luna y el astro sol.
Al principio Dios creó
y su imagen nos dejó
reflejada en cada cosa
en la vida y en el amor.

2. Al principio Dios creó
cada flor con su color
la alegría de las gentes,
la sonrisa y la ilusión.
Crea el pájaro cantor,
el humilde ruiseñor,
el invierno con sus fríos
y el verano con su calor.

7. ALABARÉ, ALABARÉ

José Pagán

Alabaré, alabaré,
alabaré, alabaré.
Alabaré a mi Señor. (Bis)

1. Todos unidos, alegres cantamos
gloria y alabanzas al Señor.
Gloria al Padre, gloria al Hijo,
y gloria al Espíritu de Amor.

2. Somos tus hijos, Dios Padre Eterno.
Tú nos has creado por amor.
Te damos gracias, te bendecimos,
y todos cantamos en tu honor.

8. ALABO TU BONDAD

Kairoi (Miguel Cubeles)

1. Todo mi ser canta hoy,
por las cosas que hay en mí.
Gracias te doy mi Señor,
Tú me haces tan feliz.
Tú me has regalado tu amistad,
confío en ti,
me llenas de tu paz.
Tú me haces sentir
tu gran bondad, yo cantaré,
por siempre, tu fidelidad.

**Gloria a ti, Señor, por tu bondad.
Gloria, gloria,
siempre cantaré tu fidelidad.
Gloria a ti, Señor, por tu bondad.
Tú me haces sentir tu gran bondad,
yo cantaré, por siempre,
tu fidelidad.**

2. Siempre a tu lado estaré
alabando tu bondad.
A mis hermanos diré
el gran gozo que hallo en ti.
En ti podrán siempre encontrar
fidelidad, confianza y amistad.
Nunca fallará tu gran amor, ni tu perdón.
Me quieres tal como soy.

9. ALEGRÍA, ALEGRÍA

Villancico de Galicia

1. Esta noche nace el Niño,
   yo no tengo que llevarle:
   le llevo mi corazón
   que le sirva de pañales.

¡Alegría, alegría, alegría!
¡Alegría, alegría y placer!
Esta noche nace el Niño
en el portal de Belén.

2. La Virgen está lavando
   con un trozo de jabón:
   se le han picado las manos,
   manos de mi corazón.

3. En el portal de Belén
   el invierno es primavera:
   el Mesías esperado
   ha venido ya a la tierra.

Comentario

ALELUYA

El «aleluya» es el grito, aclamación, que en la Pascua encuentra su verdadero sentido. Significa «Alabad a Yavé». En hebreo «ALELU = Alabad (imperativo) y «YA» es la abreviatura de Yavé. Ya sabemos dos palabras más en otro idioma.

—Si se trata de un grito gozoso, buscaremos aquellas músicas que mejor lo apoyen.

Y como creo que esto de los gritos os encanta, os diré que este tipo de grito no tiene que parecerse en nada a los que dais algunos para atormentarnos. Que os lo expliquen vuestros catequistas, si pueden. Aunque yo creo que los hebreos primitivos daban tales voces y gritos que más de un profeta les tuvo que tapar la boca. Si queréis nos vamos a Jerusalén, al Muro de las Lamentaciones, y ya veréis cómo gritan algunos; otros rezan muy bien. Aunque nosotros tenemos que tener sumo respeto a todos.

¿Qué os parece si salimos el jueves hacia Tierra Santa?

10. ALELÚ, ALELUYA.

Popular Hebrea - Adapt.: A. Alcalde.

Alelú, alelú, alelú, aleluya
resucitó.
Alelú, alelú, alelú, aleluya
odu la shem.
(Alelú, alelú, alelú, aleluya
es Navidad.)

1. Viva el Señor. Aleluya.
Resucitó. Aleluya.
Viva el Señor. Aleluya.
Resucitó.

2. Días de paz. Aleluya.
Fiestas de luz. Aleluya.
Días de paz. Aleluya.
Fiestas de luz.

3. Es el Señor, Aleluya,
mi Buen Pastor. Aleluya.
Es el Señor, Aleluya,
mi Buen Pastor.

4. Es Navidad. Aleluya.
Jesús nació, Aleluya,
en un portal. Aleluya.
¡Es Navidad!

5. Por la amistad: Aleluya.
Por el perdón: Aleluya.
Por el amor: Aleluya.
Por nuestra unión.

6. Odu la shem. Aleluya.
Odu la shem. Aleluya.
Odu la shem. Aleluya.
Odu la shem.

11. ALELUYA, ALELU-ALELUYA

Popular

Aleluya, alelu, aleluya.
Aleluya, aleluya.
Aleluya, alelu, aleluya.
Aleluya, aleluya.

Comentario

AMÉN DE LA DOXOLOGÍA

«Esdras bendijo a Yahveh, el Dios grande; y todo el pueblo, alzando las manos, respondió: "**¡Amén! ¡Amén!**"; e inclinándose se postraron ante Yahveh, rostro en tierra.»

Al final de la Plegaria Eucarística, antes del Padrenuestro, hay un AMÉN importantísimo.

Al proclamar este AMÉN tenemos que:

— Evitar el recitar o cantar la parte que corresponde al celebrante.

— Cantarlo siempre que sea posible, pero sobre todo los domingos y fiestas.

— Proclamarlo con vida, con energía, evitando la rutina.

— Saber que es el final de la Plegaria Eucarística a la cual nos unimos.

La alabanza que comenzó con el prefacio termina con este **«AMÉN»** solemnísimo.

El resto de las aclamaciones que aparecen en el transcurso de la Plegaria Eucarística es aconsejable cantarlas todos los domingos y fiestas.

12. AMOR ES VIDA

C. Carismáticas

1. Amor es vida, vida es alegría;
quien nunca amó vivió sin ilusión.
—Alegres cantan sus melodías
las ansiedades del corazón. (Bis)

Alegre estoy, cantando voy,
éste es el día que hizo el Señor. (Bis)

2. Yo soy feliz por cada día nuevo,
por la ilusión de ver amanecer,
—por las estrellas y por el cielo,
por la alegría de renacer. (Bis)

3. Por los caminos áridos del mundo,
busco la huella de un amor feliz.
—Soy peregrino, soy vagabundo,
un cielo eterno brilla hoy en mí. (Bis)

B

13. BATID PALMAS

J. Madurga

1. Batid palmas al Señor
porque es bueno, aleluya.
Batid palmas al Señor,
nuestro Dios, aleluya.
Batid palmas al Señor
de los cielos, aleluya.
Batid palmas al Señor
por su amor.

Aleluya, aleluya,
aleluya, aleluya. (Bis)

2. Él nos crea y a su imagen
nos hizo, aleluya.
Él nos salva por su Hijo,
el Señor, aleluya.
Él nos ama y nos hace
sus hijos, aleluya.
Él nos guarda y nos protege
en su amor.

14. BUENOS DÍAS

Mariano Fuertes

1. Buenos días te vengo a cantar,
Dios del cielo, la tierra y el mar,
Dios de Amor, Dios de Paz,
por venir aquí a morar.

2. Buenos días te vengo a cantar,
mil deseos de felicidad
para ti y para mí,
para mí y para ti.

3. Buenos días te vengo a cantar
por dejar tu planeta de paz,
por venir aquí a morar,
Dios de amor, Dios de paz.

C

15. CAMINARÉ EN PRESENCIA DEL SEÑOR

J. A. Espinosa

Caminaré en presencia del Señor. (Bis)

1. Amo al Señor porque escucha
mi voz suplicante,
porque inclina su oído hacia mí,
el día que lo invoco.

2. Me envolvían redes de muerte,
caí en tristeza y en angustia.
Invoqué el nombre del Señor:
«Señor, salva mi vida».

3. El Señor es benigno y justo;
nuestro Dios es compasivo.
El Señor guarda a los sencillos,
estando yo sin fuerzas me salvó.

16. CAMPANA SOBRE CAMPANA

Tradicional - Andalucía

Campana sobre campana
y sobre campana una,
asómate a la ventana
verás al niño en la cuna.

¡Belén, campanas de Belén!
que los ángeles tocan.
¿Qué nuevas nos traéis?

Recogido tu rebaño
¿a dónde vas pastorcillo?
Voy a llevar al portal
requesón, manteca y vino.
¡Belén...

Campana sobre campana
y sobre campana dos
asómate a la ventana
verás al Niño de Dios.
¡Belén...

Caminando a media noche,
¿dónde caminas, pastor?
Le llevo al niño que nace
como a Dios mi corazón.
¡Belén...

Campana sobre campana
y sobre campana tres
asómate a la ventana
porque está naciendo Dios.
¡Belén...

Si aún las estrellas alumbran
pastor, ¿dónde quieres ir?
Voy al portal por si el Niño
con Él me deja dormir.
¡Belén...

17. CANTA ALELUYA

Josico

Canta aleluya, canta aleluya,
canta aleluya y alaba al Señor. (Bis)

1. Por el sol de la mañana,
por la luna que da claridad;
por el agua y la nieve,
por los peces que hay en el mar.
—Por el Dios creador del mundo,
por su amor y su bondad. (Bis)

2. Por los pájaros y flores,
por el aire que nadie vició;
por los valles y montañas,
por el árbol que sombra nos dio;
—por el Dios creador del mundo
porque siempre en mí pensó. (Bis)

3. Por la risa de los niños,
por el padre trabajador;
por el beso de la madre
y el anciano que ama a Dios;
—por el Dios que hace posible
tanto gozo y tanto amor. (Bis)

18. CANTA ALELUYA AL SEÑOR

Popular - Linda Stassen

Canta aleluya al Señor.
Canta aleluya al Señor.
Canta aleluya, canta aleluya,
canta aleluya al Señor.

Comentario

CANTOS DE LA COMUNIÓN Y POSTCOMUNIÓN

En un sitio que estuve, los niños, cuando llegaba el momento de la comunión, se precipitaban hacia el altar. Un día les dije: ¿Por qué tenéis tanta prisa? Y me contestaron: Es que nunca llega para los últimos. Tenían razón. El que hacía de sacristán era un poco escaso y racionaba tanto las formas que rara vez llegaban para todos. Pero eso no ocurre normalmente en las iglesias. Vamos con calma a recibir a Jesús porque siempre habrá para todos.

— En la procesión de la comunión se puede cantar, tocar el órgano o los instrumentos.
— El coro puede cantar solo. Es un buen momento también para las intervenciones de los solistas.
— El canto acompaña una procesión y no debe entorpecer el movimiento.
— El texto de los cantos ha de referirse y favorecer esa común unión, reflejar la alegría de recibir a Jesús y hacer más bonito y fraternal el encuentro entre los hermanos.
— Comienza cuando comulga el sacerdote y termina con la comunión de los fieles.

Canto después de la comunión:

Se puede cantar o estar calladitos. ¡Qué martirio para algunos! Debemos:

— Cantar canciones de acción de gracias.
— Buscar cantos más recogidos e íntimos.
— Hacer acompañamientos suaves, delicados.
— Favorecer la oración personal.

Puede ser un tiempo para la música del órgano, los solos y los coros.

19. CASCABEL

Tradicional - Texto: M. Fuertes

Cascabel, cascabel
suene tu canción;
el Mesías esperado
ya nació en Belén.
Navidad, Navidad
canta Navidad,
entre pajas recostado
yace el rey de paz.

Alegres entonad
mil himnos al Señor,
que baja entre nosotros
en cada Navidad.
Alegres hoy danzad
honrando al Señor
que nace entre nosotros
en cada Navidad.

Cascabel...

20. CERCA DE TI, SEÑOR

Popular - Lowel Masson

1. Cerca de Ti Señor, quiero morar,
tu grande y tierno amor, quiero gozar.
—Llena mi pobre ser, limpia mi corazón;
hazme tu rostro ver en la aflicción. (Bis)

2. Pasos inciertos doy, el sol se va;
mas, si contigo estoy, no temo ya.
—Himnos de gratitud ferviente cantaré
y fiel a Ti, Jesús, siempre seré. (Bis)

3. Día feliz veré creyendo en Ti,
en que yo habitaré cerca de Ti.
—Mi voz alabará tu santo nombre allí
y mi alma gozará cerca de Ti. (Bis)

21. CHIQUIRRITÍN

Popular

¡Ay! del chiquirritín, chiquirriquitín,
metidito entre pajas.
¡Ay! del chiquirritín, chiquirriquitín,
queridín, queridito del alma.

1. Entre un buey y una mula
Dios ha nacido,
y en un pobre pesebre
lo han recogido.

2. Por debajo del arco
del portalico
se descubre a María,
José y el niño.

3. Jesusito querido,
dicen que comes
corazones partidos
de pecadores.

4. No me mires airado,
niñito mío,
mírame con los ojos
que yo te miro.

22. COMEREMOS DE SU MESA

J. Elezcano

Comeremos de la mesa
que nos dio el Señor
aprendiendo a compartir
el mismo pan,
pero luego en nuestro pueblo
hay que comprobar
si la mesa lleva a la fraternidad.

1. ¡Cuánta alegría hay en la mesa!
la gente sabe que se come algo especial.
Es un banquete y Dios en medio,
es la memoria de un amor universal.

2. ¡Qué fácil todo, qué gratuito!
Pocos dirían que esto a alguno hace cambiar,

y sin embargo de poco sirve
ir a la mesa sin saber por qué se va.

3. Es un regalo que Dios nos hace,
es un apoyo que no vemos pero está;
la fe nos dice que en ese «poco»
hay un Misterio que al que vive hace cambiar.

23. COMO EL PADRE ME AMÓ
(AMAOS)

Kairoi - J. M. Cubeles

Como el Padre me amó,
yo os he amado;
permaneced en mi amor,
permaneced en mi amor. (Bis)

1. Si guardáis mis palabras
y como hermanos os amáis,
compartiréis con alegría
el don de la fraternidad.
Si os ponéis en camino
sirviendo siempre la verdad,
fruto daréis en abundancia,
mi amor se manifestará.

Como el Padre me amó...

2. No veréis amor tan grande
como aquél que os mostré.
Yo doy la vida por vosotros.
Amad como yo os amé.
Si hacéis lo que os mando
y os queréis de corazón,
compartiréis mi pleno gozo,
de amar, como Él me amó.

Como el Padre me amó...

24. CONMIGO PUEDES CONTAR

F. San Romualdo

1. Somos ciudadanos
de un mundo que necesita
el vuelo de una paloma,
que necesita corazones abiertos
y está sediento de un agua nueva.

Por eso estamos aquí,
conmigo puedes contar,
y dejaré mi equipaje a un lado
para tener bien abiertas las manos
y el corazón lleno de sol. (Bis)

2. Somos ciudadanos de un mundo
que fue creado como casa de todos,
como el hogar de una gran familia
donde todos vivamos en paz

3. Somos ciudadanos de un mundo
que clama día y noche por su libertad,
que permanece en la oscura tiniebla
del hambre, del odio y la guerra.

25. CORAZÓN GENEROSO
(TENEMOS UN CORAZÓN)

Mariano Fuertes

Tenemos un corazón,
tenemos un corazón.
Tenemos un corazón,
tenemos un corazón
muy generoso,
con muchas puertas,
todas abiertas
de par en par.
Tenemos un corazón.

1. Presta alegre tu ayuda
a papá y a mamá.
Haz feliz a la gente
que nunca se encuentre
esperando tu amor.
Siembra en todo sonrisas,
con papá y con mamá.
Haz feliz a la gente
que en ti halle siempre
un gran corazón.

2. Cuando vas por la vida,
con papá y con mamá,
mira a ver si a tu lado,
camina y te ayuda
Jesús, el Señor.
Quiere mucho a los niños,
y a papá y a mamá,
quiere irse contigo,
hacerse tu amigo,
jugar y reír.

Comentario

CORDERO DE DIOS

El Cordero de Dios se ha cantado desde muy antiguo durante la fracción del pan (siglo VII).

— Es más importante cantar este canto que el canto de la paz.

— Hemos de elegir aquellas composiciones que contengan el texto litúrgico.

— Es un canto de carácter litánico. Parecido a pregunta-respuesta, pero repitiendo casi siempre la misma respuesta.

— Durante la Fracción del Pan, se puede repetir el canto cuantas veces sea necesario.

Cuando veáis que a los encargados se les olvida cantar el Cordero de Dios, se lo recordáis con mucho disimulo.

y está sentado a la derecha de Dios, Padre todopoderoso.
Desde allí ha de venir a juzgar a vivos y muertos.

Creo en el Espíritu Santo,
la santa Iglesia católica,
la comunión de los santos,
el perdón de los pecados,
la resurrección de la carne
y la vida eterna
Amén.

29. CREO EN JESÚS

C. Erdozáin

Creo en Jesús, creo en Jesús,
Él es mi amigo, es mi alegría,
Él es mi amor.
Creo en Jesús,
creo en Jesús,
Él es mi Salvador.

1. Él llamó a mi puerta,
me invitó a compartir su heredad.
Seguiré a su lado,
llevaré su mensaje de paz.

2. Ayudó al enfermo
y le trajo la felicidad.
Defendió al humilde,
combatió la mentira y el mal.

3. Día y noche, **creo en Jesús,**
Él está a mi lado, **creo en Jesús,**
sigo sus palabras, **creo en Jesús,**
doy por Él la vida, **creo en Jesús,**
es mi salvador.

4. Enseñó a Zaqueo
a partir su hacienda y su pan.
Alabó a la viuda
porque dio cuando pudo ella dar.

5. Aleluya, **creo en Jesús,**
Él es el Mesías, **creo en Jesús,**
Él es mi esperanza, **creo en Jesús,**
vive para siempre, **creo en Jesús,**
es mi salvador.

30. CRISTO TE NECESITA

C. Gabaráin

1. Cristo te necesita para amar, para amar,
Cristo te necesita para amar. (Bis)

No te importen las razas
ni el color de la piel,
ama a todos como hermanos
y haz el bien. (Bis)

2. Al que sufre y al triste dale amor, dale amor,
al humilde y al pobre dale amor. (Bis)

3. Al que vive a tu lado dale amor, dale amor,
al que viene de lejos dale amor. (Bis)

4. Al que habla otra lengua dale amor, dale amor,
al que piensa distinto dale amor. (Bis)

5. Al amigo de siempre dale amor, dale amor,
y al que no te saluda dale amor. (Bis)

31. CUÁNTAS VECES SIENDO NIÑO TE RECÉ (HOY HE VUELTO)

C. Gabaráin

1. Cuántas veces siendo niño te recé
con mis besos te decía que te amaba,
poco a poco, con el tiempo, olvidándome de ti
por caminos que se alejan me perdí.

Hoy he vuelto, Madre, a recordar,
cuántas cosas dije ante tu altar,
y al rezarte, puedo comprender,
que una madre no se cansa de esperar.

2. Al regreso, me encendías una luz,
sonriendo desde lejos me esperabas,
en la mesa la comida aún caliente y el mantel
y tu abrazo en mi alegría de volver.

3. Aunque el hijo se alejara del hogar,
una madre siempre espera su regreso,
que el regalo más hermoso que a los hijos da el Señor
es su madre y el milagro de su amor.

32. CUÉNTAME UN CUENTO

Mariano Fuertes

Cuéntame, Dios,
un cuento de amor
que tenga papá
y que tenga mamá.

1. Esta noche papá no ha venido
y mamá se ha quedado dormida,
te ha tocado a ti, Dios, que me cuentes

ese cuento que nunca se olvida.
Te ha tocado a ti, Dios, que me cuentes
ese cuento que nunca se olvida.

Cuéntame, Dios,
un cuento de amor
que tenga papá
y que tenga mamá.
Me dormiré
en tus brazos de amor
y soñaré con tu cuento Señor.

2. Todo el mundo ha llegado cansado
y parece que aquí falta vida,
—te ha tocado a ti, Dios, que me cuentes
ese cuento que nunca se olvida. (Bis).

3. Esta noche no hay paz en mi casa
y me voy yo solita a la cama
—te ha tocado a ti, Dios, que me cuentes
ese cuento que siembra la calma. (Bis).

33. DEMOS GRACIAS AL SEÑOR

C. Gabaráin

Demos gracias al Señor,
demos gracias,
demos gracias al Señor.

1. En la mañana que se levanta
el día canta y yo canto al Creador. (Bis)

2. Cuando la noche se despereza
con sueño reza y yo rezo al Creador. (Bis)

3. Cuando en mi pecho la vida siento,
mi pensamiento sonríe al Creador. (Bis)

34. DÍA Y NOCHE

Negro Espiritual - Adap.: J. A. Espinosa

Día y noche van tus ángeles, Señor, conmigo.
Día y noche pienso que tú estás en mí.

1. Si anochece en el camino,
van tus ángeles, Señor, conmigo.
Al servirles cada día,
pienso que tú estás en mí.

2. Si camino entre los hombres, **van tus...**
Al servirles cada día, **pienso...**

3. Si me encuentro triste y solo, **van tus...**
En las luchas de la vida, **pienso...**

4. Cuando va muriendo el sol, **van tus...**
Al dormir confío en Ti, **pienso...**

5. Cuando silba fuerte el viento, **van tus...**
En la noche oscura y fría, **pienso...**

6. Cuando tenga que morir, **van tus...**
Guarda mi alma para Ti, **pienso...**

35. DIOS ES FIEL

A. Taulé

1. Dios es fiel: guarda siempre su Alianza;
libra al pueblo de toda esclavitud.
Su Palabra resuena en los profetas,
reclamando el bien y la virtud.

2. Pueblo en marcha por el desierto ardiente:
horizontes de paz y libertad.
Asamblea de Dios, eterna fiesta;
tierra nueva, perenne heredad.

3. Si al mirar hacia atrás somos tentados
de volver al Egipto seductor,
el Espíritu empuja con su fuerza
a avanzar por la vía del amor.

4. El maná es el don que el cielo envía,
pero el pan hoy se cuece con sudor.
Leche y miel nos dará la tierra nueva
si el trabajo es fecundo y redentor.

5. Y Jesús nos dará en el Calvario
su lección: «Hágase tu voluntad».
Y su sangre, vertida por nosotros,
será el precio de nuestra libertad.

36. DIOS ESTÁ AQUÍ

Popular

Dios está aquí,
tan cierto como el aire que respiro,
tan cierto como la mañana se levanta,
tan cierto como que este canto lo puedes oír.

1. Lo puedes oír, moviéndose entre los que aman,
lo puedes oír cantando con nosotros aquí;
lo puedes llevar cuando por esa puerta salgas;
lo puedes guardar muy dentro de tu corazón.

2. Lo puedes sentir junto a Ti en cualquier momento.
Lo puedes oír cantando con nosotros así.
No temas ya más el Señor nos lo perdona todo;
Jesús está aquí, si quieres lo puedes seguir.

37. DIOS TE SALVE

Popular

Dios te salve, Reina y Madre, de misericordia,
vida, dulzura y esperanza nuestra, Dios te salve;
a Ti llamamos los desterrados hijos de Eva;
a Ti suspiramos, gimiendo y llorando
en este valle de lágrimas.
Ea, pues, Señora, abogada nuestra,
vuelve a nosotros esos tus ojos,
misericordiosos y después de este destierro,
muéstranos a Jesús, fruto bendito de tu vientre.
¡Oh clementísima! ¡Oh piadosa! ¡Oh dulce Virgen María!
Ruega por nos (nosotros), Santa Madre de Dios,
para que seamos dignos,
de alcanzar las promesas de Jesucristo. Amén, Jesús.

38. EL FIRMAMENTO

Mariano Fuertes

1. Hace muchos siglos
hubo unos señores
que escribieron
LA BIBLIA DE MI PAPÁ.
Y aunque en aquel tiempo
eran los más sabios,
pero no sabían aquello
que yo ahora sé.

En el cielo no, no hay columnas,
las estrellas no están colgadas
y los astros se van girando
por el cielo sin descansar.
Cada uno en su camino
va siguiendo aquella ruta
que una mano muy grande y sabia
en su día les señaló.

(Final)
En su día les señaló.

2. Fueron mucha gente
los que sí supieron
que los astros
son todos obra de Dios.
Ellos descubrieron
que lo que ya existe
todo fue naciendo
en manos del creador.

39. EL NIÑO DIOS

C. Gabaráin

1. El niño Dios ha nacido en Belén
   aleluya, aleluya.
   Quiere nacer en nosotros también
   aleluya, aleluya.

Aleluya, aleluya,
aleluya, aleluya,
aleluya, aleluya.
Aleluya.

2. Sólo los pobres y humildes lo ven;
   aleluya, aleluya.
   Sólo el amor nos conduce hasta Él;
   aleluya, aleluya.

3. Hay en los cielos mensajes de paz;
   aleluya, aleluya.
   Para los hombres de fe y voluntad;
   aleluya, aleluya.

40. EL PAN DE VIDA

Vicente Morales

Tú eres, Señor, el pan de vida;
mi vida sin ti no será vida.

1. El pan que yo os daré
   ha de ser mi propia carne.
   Contigo viviré
   cuando coma de tu pan.

2. Aquel que cree en Ti
   tiene ya la vida eterna.
   Si como de tu Pan
   de tu vida gozaré.

3. Mi Padre es quien nos da
verdadero pan del cielo;
y a la Tierra bajó
para el mundo alimentar.

4. Quien come de tu pan
no padecerá más hambre.
Quien bebe de tu sangre
ya no tendrá sed jamás.

41. EL SEÑOR DIOS NOS AMÓ

Popular

1. El Señor Dios nos amó,
como nadie amó jamás.
Él nos guía como estrella
cuando no existe la luz.
Él nos da todo su amor
cuando partimos el pan,
es el pan de la amistad,
el pan de Dios:

Es mi Cuerpo, tomad y comed;
esta es mi Sangre, tomad y bebed
pues Yo soy la vida, Yo soy el amor.
Oh, Señor, condúcenos hasta tu amor.

2. El Señor Dios nos amó,
como nadie amó jamás,
sus paisanos le creían
hijo de un trabajador.
Como todos, Él también
ganó el pan con su sudor
y conoce la fatiga y el dolor.

3. El Señor Dios nos amó
como nadie amó jamás.
Él reúne a los hombres
y les da a vivir su amor.
Los cristianos todos ya,
miembros de su cuerpo son,
nadie puede separarlos de su amor.

42. EL SEÑOR ME AMÓ

A. Luna

El Señor me amó por su gran bondad,
el Señor es bueno para mí. (Bis)

1. Tú con tu voz, cántale,
Él es tu Dios,
Él es bueno con nosotros.

2. Es «El Señor», ámale,
Él es tu Dios.
Él es grande con nosotros.

3. Él «es Jesús»,
ámale con tu corazón,
Él es joven con nosotros.

43. EL TAMBORILERO

K. Davis-Clavero

1. El camino que lleva a Belén
baja hasta el valle que la nieve cubrió,
los pastorcillos quieren ver a su Rey,
le traen regalos en su humilde zurrón.
Ropopompom, ropopompom...
Ha nacido en un portal de Belén
el Niño Dios.

2. Yo quisiera poner a tus pies
algún presente que te agrade, Señor,
mas Tú ya sabes que soy pobre también
y no poseo más que un viejo tambor.
Ropopompom, ropopompom.
En tu honor frente al portal tocaré
con mi tambor.

3. El camino que lleva a Belén
yo voy marcando con mi viejo tambor;
nada mejor hay que te pueda ofrecer,
su ronco acento es un canto de amor.
Ropopompom, ropopompom.
Cuando Dios me vio tocando ante Él
me sonrió.

44. EN SU MESA HAY AMOR

Kairoi

El Señor nos ha reunido junto a Él,
el Señor nos ha invitado a estar con Él.
En su mesa hay amor, la promesa del perdón,
y en el vino y pan su corazón. (Bis)

Cuando, Señor, tu voz
llega en silencio a mí
y mis hermanos me hablan de Ti,
sé que a mi lado estás,
te sientas junto a mí,
compartes mi vida y mi oración.

45. ESCUCHA HERMANO

Beethoven - Schiller

1. Escucha, hermano,
la canción de la alegría,
el canto alegre
del que espera un nuevo día.

Ven, canta, sueña cantando,
vive soñando el nuevo sol
en que los hombres volverán
a ser hermanos. (Bis)

2. Si en tu camino
   sólo existe la tristeza
   y el llanto amargo
   de una soledad completa.
   Ven...

3. Si es que no encuentras
   la alegría en esta tierra,
   búscala, hermano,
   más allá de las estrellas.
   Ven...

46. ESCUCHA, TÚ, LA PALABRA

Xoaquín Pomares

Escucha, tú, la Palabra de Dios.
No sólo con tus oídos,
también con tu corazón.
Escucha, tú, la Palabra de Dios.
Estáte siempre atento a su voz.

47. ESPÍRITU SANTO, VEN

Carismático

Espíritu Santo, ven, ven.
Espíritu Santo, ven, ven.
Espíritu Santo, ven, ven
en el nombre del Señor. (Bis)

1. Acompáñame, condúceme,
   toma mi vida.

Santifícame, transfórmame.
Espíritu Santo, ven.

2. Resucítame, conviérteme
todos los días.
Glorifícame, renuévame.
Espíritu Santo, ven.

3. Fortaléceme, consuélame
en mis pesares.
Resplándeceme, libérame.
Espíritu Santo, ven.

4. Ilumíname, inspírame
cuando decaiga.
Aniquílame, consúmeme.
Espíritu Santo, ven.

48. ESTA ES TU FIESTA

J. Madurga

1. Esta es tu fiesta, Señor,
es nuestra fiesta
Esta es la fiesta
en el día del Señor.
Esta es tu fiesta, Señor,
es nuestra fiesta.
Esta es la fiesta
que nos une en el amor.

Y cantaremos nuestro gozo y alegría
de estar unidos en un mismo corazón.
Comulgaremos tu palabra porque es vida,
comulgaremos con tu pan porque es amor.
La, la, la...

2. Esta es tu mesa, Señor,
   es nuestra mesa.
   Esta es la mesa
   del banquete del Señor.
   Esta es tu mesa, Señor,
   es nuestra mesa.
   Esta es la mesa
   que nos une en el amor.

3. Esta es tu casa, Señor,
   es nuestra casa.
   Esta es la casa
   de los hijos del Señor.
   Esta es tu casa, Señor,
   es nuestra casa.
   Esta es la casa
   que nos une en el amor.

49. ESTAMOS DE FIESTA CON JESÚS

C. Carismáticas

1. Estamos de fiesta con Jesús,
   al cielo queremos ir,
   estamos reunidos en la mesa,
   y es Cristo quien va a servir.

Poderoso es nuestro Dios,
poderoso es nuestro Dios. (Bis)
Él sana, él salva,
poderoso es nuestro Dios.
Bautiza y limpia,
poderoso es nuestro Dios.

2. Su amor nos demuestra por doquier.
   Otorga a todos su amistad.

Su pan y su vino nos regala,
por madre a la suya da.

3. Nos dice: «Sois de la tierra sal,
la sal que da sabor,
semilla que nazca en esta tierra,
mil frutos dará de amor».

4. Estamos alegres con Jesús,
amigo no hay mejor,
su vida y las nuestras van unidas,
cantemos al Creador.

50. ESTOY LLAMANDO A TU PUERTA (Y CENARÉ CONTIGO)

J. Santos

1. Estoy llamando a tu puerta,
estoy queriendo pasar.
—Si escuchas mi voz y abres
contigo puedo cenar. (Bis)

Pasa, Señor, a mi casa
que es tu casa de verdad.
Tengo la mesa servida,
tengo fuego en el hogar. (Bis)

2. Buscando nuevos amigos,
caminos yo recorrí,
—buscando llegué a tu casa
buscando el amor en ti. (Bis)

3. A mis hermanos convido,
con ellos parto mi pan.
—La luz que brilló en mi pecho
les dejo siempre al marchar. (Bis)

51. ESTOY PENSANDO EN DIOS

P. Zezinho

Estoy pensando en Dios,
estoy pensando en su amor. (Bis)

1. Olvida el hombre a su Señor
y poco a poco se desvía,
y entre angustia y cobardía
va perdiéndose el amor.
Dios le habla como amigo,
huye el hombre de su voz.

2. Yo siento angustia cuando veo
que después de dos mil años,
y entre tantos desengaños,
pocos viven por amor.
Muchos hablan de esperanza
mas se alejan del Señor.

3. Todo podría ser mejor
si mi pueblo procurase
caminar sin alejarse
del camino del Señor.
Pero el hombre no hace suyos
los senderos del amor.

4. Todo podría ser mejor
si en amor y en alegría,
fuesen las madres María
y los padres san José,
y sus hijos imitasen
a Jesús de Nazaret.

F

52. FELICES

Mariano Fuertes

Si quieres ser feliz, feliz, feliz.
Si quieres ser feliz, feliz serás.
Llevando a los demás
—felicidad seré feliz,
feliz serás. (Bis)

1. Cuando obedeces a papá,
cuando ayudas a mamá,
cuando en tu casa siembras paz,
creando estás felicidad.

2. Abre tus brazos sin temor
hacia los otros y hacia Dios,
abre tus ojos al dolor,
siembra alegría y comprensión.

3. Mira hacia el cielo, hacia Dios,
mira a Jesús, nuestro Señor,
quiere que seas muy feliz,
quiere tu vida compartir.

Comentario

GLORIA

El «GLORIA» es un himno muy, muy antiguo (siglo II). Se cantaba en la oración de la mañana. A mí siempre me gustó este canto, sobre todo cuando llega la Navidad y eso que cuando yo era pequeña casi no veíamos el turrón. El poquito que nos daban nos sabía a gloria.

— El texto del gloria a los niños y niñas a veces nos parece un poco largo. En las eucaristías con niños y niñas se admiten fórmulas más breves.

— El Gloria es un canto de alabanza por excelencia.

— Lo deben cantar la asamblea y los cantores.

— Admite muchos contrastes por los contenidos del texto.

— En la liturgia es muy aconsejable utilizar el texto litúrgico aunque sea un poquito más largo.

Pedid a vuestro papá o mamá, a vuestro párroco... que os pongan un trocito de un gloria clásico (Mozart, Vivaldi, Poulenc...).

53. GLORIA

Gloria a Dios en el cielo,
y en la tierra paz a los hombres
que ama el Señor.
Por tu inmensa gloria te alabamos,
te bendecimos, te adoramos,
te glorificamos, te damos gracias,
Señor Dios, Rey celestial,
Dios Padre todopoderoso.
Señor, Hijo único, Jesucristo.
Señor Dios, Cordero de Dios, Hijo del Padre;
tú que quitas el pecado del mundo,
ten piedad de nosotros;
tú que quitas el pecado del mundo,
atiende nuestra súplica;
tú que estás sentado a la derecha del Padre,
ten piedad de nosotros;
porque sólo tú eres Santo, sólo tú Señor,
sólo tú Altísimo, Jesucristo,
con el Espíritu Santo en la gloria de Dios Padre. Amén.

54. GLORIA, GLORIA, ALELUYA

E. Negro. EE. UU. (Barriales)

Gloria, gloria, aleluya,
gloria, gloria, aleluya,
gloria, gloria, aleluya,
en nombre del Señor.

1. Cuando sientas que tu hermano
necesita de tu amor,
no le cierres las entrañas
ni el calor del corazón;

busca pronto en tu recuerdo
la palabra del Señor:
mi ley es el amor.

2. Cristo dijo que quien llora
su consuelo encontrará;
quien es pobre, quien es limpio
será libre y tendrá paz.
Rompe pronto tus cadenas,
eres libre de verdad:
empieza a caminar.

3. Si el camino se hace largo,
si te cansas bajo el sol,
si en tus campos no ha nacido
ni la más pequeña flor,
toma mi mano y cantemos
unidos por el amor,
en nombre del Señor.

55. GLORIA Y ALABANZA

J. Madurga

Gloria y alabanza, gloria y alabanza
gloria y alabanza al Señor.

1. Porque es Padre, porque es bueno,
porque es grande desde el cielo.
Porque es Padre, porque es bueno,
porque es grande con su amor.

2. Porque el Hijo, Jesucristo,
hecho hombre nos salvó.
Porque el Hijo, Jesucristo,
hecho hombre nos salvó.

3. Porque envía a su Espíritu
con su vida y con su amor.
Porque envía a su Espíritu
con su vida y con su amor.

56. GRACIAS
(HOY TE DOY LAS GRACIAS...)

A. Luna

1. Hoy te doy las gracias, mi Señor,
por la tierra, el aire, el sol y el mar.
Hoy te doy las gracias, mi Señor,
por lo hermoso y fácil que es amar.

Te damos gracias por tu amor,
te damos gracias, oh Señor.
Te damos gracias sin cesar. (Bis)

2. Hoy te doy las gracias, mi Señor,
por mis ojos, dados para ver.
Hoy te doy las gracias, mi Señor,
por haberme dado un corazón.

3. Hoy te doy las gracias, mi Señor,
por mis padres, amigos y demás.
Hoy te doy las gracias, mi Señor,
por haber comido de tu pan.

57. HABLA, SEÑOR

J. Madurga

Habla, Señor, que tu hijo escucha,
habla, Señor, te quiero escuchar,
habla, Señor, danos tu mensaje,
habla, Señor, danos tu verdad.

58. ¡HOLA! BUENOS DÍAS

Mariano Fuertes

1. Buenos días
te venimos a cantar.
Buenos días,
Padre Dios, por tu bondad.
Buenos días, buenos días,
buenos días,
Padre Dios, por tu bondad.

2 Buenos dias
para ti, yayo y mamá.
Buenos días,
para ti, yaya y papá.
Buenos días, buenos días,
buenos días,
buenos días nos dé Dios.

3. Buenos días
doña Julia, doña Inés.

Buenos días,
emigrante Mohamé.
Buenos días, buenos días,
buenos días,
buenos días nos dé Dios.

4. Buenos días
profesora y profesor.
Buenos días,
¡hola! Pablo, ¡hola! Flor.
Buenos días, buenos días,
buenos días,
buenos días nos dé Dios.

59. HOLA, DIOS

Brotes de Olivo

Hola, Dios, estoy aquí.
Gracias te doy por darme la vida.
Hazla nueva todos los días.
Buenos días, mi Señor.

60. HOY ES FIESTA

J. Sánchez (Josico)

Hoy es fiesta, fiesta grande.
Es la fiesta del Señor.
Los cristianos nos reunimos
en la mesa de Jesús.

1. Dios no quiere caras tristes,
Dios no quiere desunión.
Dios sí quiere más sonrisas,
Dios sí quiere más amor.

2. Todo aquel que viene a misa,
que es la Cena del Señor:
debe estar en paz con todos,
debe estar en paz con Dios.

3. A comer su Cuerpo y Sangre,
nos invita hoy Jesús;
sólo así seremos fuertes,
para ser siempre mejor.

61. HOY TE QUIERO CANTAR

C. Gabaráin

Hoy te quiero cantar,
hoy te quiero rezar,
Madre mía del cielo.
Si en mi alma hay dolor,
busco apoyo en tu amor
y hallo en Ti mi consuelo.
Hoy te quiero cantar,
hoy te quiero rezar,
mi plegaria es canción.
—Yo te quiero ofrecer
lo más bello y mejor
que hay en mi corazón. (Bis)

1. Porque tienes a Dios. (Bis)
Madre todo lo puedes.
soy tu hijo también, (Bis)
y por eso me quieres.
Hoy te quiero cantar...

62. JESÚS: DEJAD QUE LOS NIÑOS

Mariano Fuertes

Dejad que los niños se acerquen a Él.
Dejad que los niños se acerquen a Él.
Dejadles llegar, no se lo impidáis,
pues en ellos el Reino ya está.

Jesús nos acariciaba,
sus manos nos imponía;
sentados en sus rodillas,
a todos nos bendecía.

63. JESÚS ES SEÑOR

Kairoi - A. Torrelles

Jesús es, Jesús es Señor.
Jesús es, Jesús es Señor.
Jesús es, Jesús es Señor.

Aleluya, aleluya.
Aleluya, aleluya.
Aleluya, aleluya.

Gloria a Dios,
gloria, gloria a Dios.
Gloria a Dios,
gloria, gloria a Dios.
Gloria a Dios,
gloria, gloria a Dios.

64. JESÚS ESTÁ EN TI

Pelayo Sánchez

Jesús está en ti, está en mí,
está en todos mis hermanos.
Está en ti, está en mí,
está en todos mis hermanos.

1. Quien hace crecer las flores,
quien hace descender el agua,
quien hace nuevo tu corazón
cada mañana.
Quien hace aparecer el sol,
quien llena de estrellas el cielo,
quien en la noche más oscura
te da todo su consuelo.

65. JOSÉ, EL CARPINTERO

Mariano Fuertes

Fiesta, fiesta, fiesta en Nazaret.
Todo el pueblo está invitado
en el taller del buen José. (Bis)

1. Hoy hay mucha fiesta,
en el pueblo, en Nazaret,
porque han elegido
a su alcalde otra vez.
Es el carpintero
y se llama Don José;
su esposa es María
y su prima es Isabel.

2. Tiene un niño chico
que le nombran por Jesús

y él lo lleva al cole
que dirige Ezequiel.
Leen las escrituras
y la historia de Israel;
cuando hay notas bajas
siempre avisan a José.

3. Hoy ayudan todos
en la casa de José;
ponen colgaduras,
muchas tiras de papel,
llenan los vasitos
y los hombres a beber...
y para los niños
hay almendras de Belén.

66. JUNTO A TI

E. Negro - J. L. Arce

1. Junto a Ti al caer de la tarde
y cansados de nuestra labor,
te ofrecemos con todos los hombres
el trabajo, el descanso, el amor.

2. Con la noche las sombras nos cercan,
y regresa la alondra a su hogar;
nuestro hogar son tus manos, ¡oh Padre!
y tu amor nuestro nido será.

3. Cuando al fin nos recoja tu mano
para hacernos gozar de tu paz
reunidos en torno a tu mesa
nos darás la perfecta hermandad.

67. LA ALEGRÍA EN EL PERDÓN

C. Gabaráin

1. La alegría más hermosa
   es la alegría en el perdón,
   que en el cielo hay mucha fiesta
   cuando vuelve un pecador.
   Si la oveja se ha perdido
   a buscarla va el pastor.
   Que en el cielo hay mucha fiesta
   cuando vuelve un pecador.

La alegría más hermosa,
la alegría en el perdón.
Que en el cielo hay mucha fiesta
cuando vuelve un pecador. (Bis)

2. Cuando el hijo se fue lejos
   triste el padre se quedó.
   Y qué inmensa su alegría
   cuando el hijo regresó.
   Cada día, cada instante
   por su ausencia se apenó.
   Y qué inmensa su alegría
   cuando el hijo regresó.

3. La mujer buscaba triste
   las monedas que perdió.
   Y saltaba de alegría
   cuando al fin las encontró.

Qué afanosa rebuscaba.
Toda su casa barrió.
Y saltaba de alegría
cuando al fin las encontró.

68. LA LUZ

Mariano Fuertes

1. La luz de Dios
rompió ante sí la oscuridad;
la luz de Dios
es paz y amor, felicidad.
—Cuando en las mañanas
viene con la aurora,
se regala a todos,
sin mirar quién es. (Bis).
La luz de Dios
rompió ante sí la oscuridad.

**Yo quiero ser también
como esa luz del sol
que acepta a cada uno
como lo hizo Dios.
Tú debes ser también
como la luz de Dios,
que viste primaveras
de vida y de color.
La luz de Dios
rompió ante sí la oscuridad.**

69. LA MISA ES UNA FIESTA

C. Gabaráin

**La misa es una fiesta muy alegre,
la misa es una fiesta con Jesús.**

La misa es una fiesta que nos une,
la misa es una fiesta con Jesús.

1. Cada domingo celebramos
que nuestro amigo nos salvó,
que por amarnos
dio su vida y resucitó.

2. Con su palabra nos enseña,
nos alimenta con su pan,
nos compromete a ser amigos
y a caminar.

70. LA MISA NO TERMINA

C. Gabarain

La misa no termina aquí, en la iglesia,
ahora la empezamos a vivir. (Bis)

1. Porque en la vida cada día
recordaremos lo que aquí
hemos vivido y aprendido
a compartir. (Bis)

2. Hemos de ser la levadura,
hemos de ser semilla y luz,
junto a nosotros caminando
viene Jesús. (Bis)

71. LA PAZ ESTÉ CON NOSOTROS

Popular - Israel

La paz esté con nosotros,
la paz esté con nosotros,
la paz esté con nosotros,
que con nosotros, siempre,
siempre esté la paz.

Evenu shalom alejem,
evenu shalom alejem,
evenu shalom alejem,
evenu shalom, shalom,
shalom alejem.

72. LLÉVALE ESTE TRIGO, TRIGO

Popular - X. del Río - R. Saiamarella

1. Tengo un molino que mueve
los vientos de la ilusión,
y sus aspas siempre giran
impulsadas por su amor.
Mi trigo es como un tesoro:
lo que vale, yo lo sé;
tan dorado como el oro,
crece al soplo de mi fe.

Llévale este trigo, trigo,
a los niños que no tienen pan,
a los niños que mueren de hambre
sin saber lo que es Navidad.
Llévale este trigo, trigo,
a los niños que no tienen pan;
y en sus manos, que tiemblan de frío,
las espigas de amor brotarán.

2. Con las ruedas y las piedras,
ven conmigo a trabajar.
En el campo, junto al río,
serás el rey del trigal.
Mi molino es muy pequeño
y con él yo soy feliz;
que multipliques sus granos,
a ti te quiero pedir.

73. LO SIENTO, PERDÓN

Mariano Fuertes

Quiero que me enseñes,
Señor, a perdonar,
quiero que me enseñes,
Señor, a pedir perdón.
Quiero que me enseñes,
Señor, a perdonar,
quiero que me enseñes,
Señor, a pedir perdón.

74. LOS ANIMALES

Mariano Fuertes

1. Perros, gatos y ratones
los hizo Dios. (Guau, guau, marramama-miau...)
Patos, gansos y gallinas
también creó. (Cua, cua, kirikiki-ki...)
Unos vuelan por el cielo,
otros andan por la tierra,
pero todos los vivientes
los hizo Dios.

2. Las ovejas y las cabras
las hizo Dios. (Be, be, vavavava-va...)
Los corderos y los lobos
también creó. (Ahú...)
Unos andan en rebaños
otros viven en los montes
pero todos los vivientes
los hizo Dios.

3. Las serpientes y reptiles
los hizo Dios. (Silbidos apagados.)

Y los peces y las ranas
también creó. (Croar.)
Unos viven en las selvas
otros juegan con el agua,
pero todos los vivientes
los hizo Dios.

4. Los canarios y los loros
los hizo Dios. (Imitar pájaros.)
Borriquitos y caballos
también creó. (Relinchar.)
Unos viven en las jaulas,
otros corren por los prados,
pero todos los vivientes
los hizo Dios.

75. MARÍA DE MAGDALA

Mariano Fuertes

1. No te apropies de Jesús,
no tengas tanta cara;
tu solita quieres ser
María de Magdala.

No te apropies, no, de Jesús.
Yo también lo voy a querer
como quiso aquella mujer
allá en Magdala. (Bis)

2. No me mires, no, así,
que en Dios cabemos todos;
no hace falta discutir,
María de Magdala.

No te apropies...

3. El amor se da sin más,
sin ser exclusivistas;
el Señor de todos es,
María de Magdala.

No te apropies...

76. MARÍA Y SIMEÓN

Mariano Fuertes

Y ahora, Señor,
me puedes dejar
partir, partir en tu paz;
porque mis ojos
pobres, cansados,
han contemplado
al Salvador.
Luz de las gentes,
gloria del pueblo,
gloria del pueblo,
paz de Israel.
Luz de las gentes...

Una espada, María,
herirá tu corazón,
mostrará tus sufrimientos,
mostrará tu gran amor.
Una espada María,
una espada de dolor,
te unirá a nuestras penas
y a las penas del Señor.

Y ahora, Señor,
me puedes dejar
partir, partir en tu paz,
partir, partir en tu paz.

77. MIENTRAS RECORRES LA VIDA
(SANTA MARÍA DEL CAMINO)

J. A. Espinosa

1. Mientras recorres la vida,
tú nunca solo estás,
contigo por el camino
Santa María va.

Ven con nosotros al caminar,
Santa María, ven. (Bis)

2. Aunque te digan algunos
que nada puede cambiar,
lucha por un mundo nuevo,
lucha por la verdad.

3. Si por el mundo los hombres
sin conocerse van,
no niegues nunca tu mano
al que contigo está.

4. Aunque parezcan tus pasos
inútil caminar,
tú vas haciendo caminos,
otros los seguirán.

78. MIL GRACIAS

Mariano Fuertes

Mil gracias, Señor,
te venimos a cantar;
con los niños de la tierra
nos queremos alegrar
por tus obras, Señor,
que hablan siempre de tu amor

y nos muestran cada día
tu bondad de Creador.

1. Ven a admirar
las obras del Señor;
las cuidarás
de todo corazón.
Todas son grandiosas,
son hermosas, como el sol;
todas son sencillas,
maravillas son de Dios.

2. Ven a admirar
las obras del Señor;
le aclamarán
con su mejor canción.
Todas son grandiosas...

3. Ven a admirar
las obras del Señor;
florecerán con su mejor color.
Todas son grandiosas...

4. Ven a admirar
las obras del Señor;
las cuidarás de todo corazón.
Todas son grandiosas...

79. MIS DOS MAMÁS

C. Gabaráin

1. Tengo en casa a mi mamá,
pero mis mamás son dos:
en el cielo está la Virgen,
que es también mamá de Dios.

Las dos me quieren a mí.
Las dos me entregan su amor.
A las dos las busco y las llamo.
Y a las dos las quiero yo.

2. Cuando llamo a mi mamá,
ella viene sin tardar.
Mi mamá del cielo viene
si me acuerdo de rezar.

3. Cada día mi mamá
me da un beso al despertar.
En el alma llevo el beso
de mi madre celestial.

80. MISA DE ANGELIS

KIRIE

Kyrie, eleison, (Bis)
Christe, eleison, (Bis)
Kyrie eleison. (Bis)

GLORIA IN EXCELSIS DEO

Gloria in excelsis Deo,
et in terra pax homínibus
bonae voluntátis.
Laudámus te. Benedícimus te.
Adorámus te. Glorificamus te.
Grátias ágimos tibi
propter magnam glóriam tuam.
Dómine Deus Rex celestis,
Deus Pater omnípotens.

Dómine Fili unigénite Jesu Christe.
Dómine Deus, Agnus Dei, Filius Patris.
Qui tollis peccáta mundi,
miserere nobis.
Qui tollis peccáta mundi,
súscipe deprecatiónem nostram.
Qui sedes ad dexteram Patris,
miserere nobis.
Quóniam tu solus sanctus.
Tu solus Dóminus.
Tu solus altíssimus, Jesu Christe.
Cum Sancto Spíritu,
in gloria Dei Patris. Amen.

SANCTUS

Sanctus, Sanctus, Sanctus
Dóminus Deus Sábaoth.
Pleni sant coeli et terra glória tua.
Hosánna in excélsis.
Benedíctus qui venit in nómine Dómini.
Hosanna in excélsis.

AGNUS DEI

Agnus Dei,
qui tollis peccáta mundi:
Miserére nobis.
Agnus Dei,
qui tollis peccáta mundi:
Miserére nobis.
Agnus Dei,
qui tollis peccáta mundi:
Dona nobis pacem.

(El Gregoriano es el canto por excelencia de la Iglesia, a los niños y niñas, que sois muy listos, también os gustará seguir los textos o intentar cantarlo cuando lo hagan los mayores.)

81. MUCHAS GRACIAS

Mariano Fuertes

A Dios le daremos gracias,
agradecidos, de corazón.
Por todas las cosas buenas
hoy te cantamos nuestra canción.

1. Nos diste familia,
   papá y mamá,
   y muchos amigos
   con quien jugar.
   Nos diste una escuela
   para estudiar
   y muchas personas a quien amar.

2. Nos quieres, nos cuidas
   por tu bondad
   nos das tu sonrisa,
   amor y paz.
   Dejaste tu cielo
   para crear
   con todos nosotros
   un solo hogar.

Adiós, adiós, hasta siempre
hoy os decimos de corazón.
Que Dios nos bendiga a todos,
nos dé alegría y mucho amor.
Adiós, adiós.
Adiós, adiós.

82. MUEVE TUS PIES

Xoaquín Pomares

1. Mueve tus pies, ¡qué fácil es!
ellos te sirven para andar,
para correr, para saltar,
y acercarte a los demás. (Bis)

Da las gracias a Dios por tus pies,
por tus pies, por tus pies,
y utiliza siempre tus pies
para acercarte a los demás,
para acercarte a los demás.

2. Mueve las manos, siembra la paz,
ellas te sirven para jugar,
para comer y acariciar,
y ayudar a los demás. (Bis)

Da las gracias a Dios por tus manos,
por tus manos, por tus manos,
—y utiliza siempre tus manos
para ayudar a los demás. (Bis)

3. Grita con fuerza, presta tu voz,
ella te sirve para hablar,
para reír, para cantar
y a veces también para callar.
Grita con fuerza, presta tu voz,
ella te sirve para hablar,
para reír, para cantar
y alegrar la vida a los demás.

Da las gracias a Dios por tu voz,
por tu voz, por tu voz,
—y utiliza siempre tu voz
para alegrar a los demás. (Bis)
Da las gracias a Dios por vivir,
por vivir, por vivir,
—y utiliza siempre tu ser
para entregarte a los demás. (Bis)

N

83. NECESITA NUESTRAS MANOS

A. Luna

1. Jesús no tiene manos, no tiene manos.
Tiene sólo nuestras manos para construir.
Tiene sólo nuestras manos,
tiene sólo nuestras manos para compartir.

Necesita nuestras manos,
necesita nuestras manos
para bendecir. (Bis)

2. Jesús no tiene pies, no tiene pies.
Tiene sólo nuestros pies para caminar.
Tiene sólo nuestros pies,
tiene sólo nuestros pies para caminar.

Necesita nuestros pies,
necesita nuestros pies
para caminar. (Bis)

3. Jesús no tiene labios, no tiene labios.
Tiene sólo nuestros labios para proclamar.
Tiene sólo nuestros labios,
tiene sólo nuestros labios para proclamar

Necesita nuestros labios,
necesita nuestros labios
para proclamar. (Bis)

4. Jesús no tiene medios, no tiene medios.
Tiene sólo nuestros medios para evangelizar.
Tiene sólo nuestros medios,
tiene sólo nuestros medios para evangelizar.

Necesita nuestros medios,
necesita nuestros medios
para evangelizar. (Bis)

84. NIÑOS DEL MUNDO, VENID AL PORTAL

A. Alcalde

1. El Dios pequeñito en pobre portal.
El Dios encarnado nos trae la paz.

Oh, niños del mundo, venid a adorar.
De todos los pueblos y razas, cantad.

2. Un niño ha nacido: es el Redentor.
Haciéndose hombre, al hombre salvó.

3. Un rayo de luz ilumina el portal.
Venid los humildes y al Siervo adorad.

4. María y José comtemplándole están.
Oh, niños del mundo venid al portal.

5. Alégrese el cielo y la tierra también,
los pobres y humildes, los hombres de bien.

85. NO ADORÉIS

Luis Alfredo

1. No adoréis a nadie,
a nadie más que a Él. (Bis)
No adoréis a nadie,
a nadie más. (Bis)

No adoréis a nadie,
a nadie más que a Él.

2. No pongáis los ojos,
en nadie más que en Él. (Bis)
No pongáis los ojos
en nadie más. (Bis)
No pongáis los ojos
en nadie más que en Él.

3. Porque sólo Él
os puede sostener. (Bis)
No pongáis los ojos
en nadie más. (Bis)
No pongáis los ojos
en nadie más que en Él.

86. NO HAS NACIDO AMIGO
(ALEGRÍA, AMIGO)

F. San Romualdo

No has nacido, amigo,
para estar triste, laralarala,
aunque llueva en tu corazón,
laralalaralara. (Bis)

1. Dime dónde tiene ojos,
tiene ojos tu tristeza. (Bis)

2. Todos tenemos una estrella,
una estrella de luz blanca. (Bis)

3. Si tu alma suena es que lleva,
es que lleva mucho Dios. (Bis)

87. NOCHE DE PAZ (24-XII-1818)

Josef Mohr (1792-1848) - Franz Gruber (1787-1863)

Noche de Dios,
noche de paz,
claro sol brilla ya,
y los ángeles cantando están:
Gloria a Dios,
gloria al Rey eternal.
—Duerme el Niño Jesús. (Bis)

Noche de Dios,
noche de paz,
nueva luz celestial.
Floreció la feliz Navidad:
es palabra y mensaje de paz.
—Duerme el Niño Jesús. (Bis)

Noche de Dios,
noche de paz,
esplendor inmortal.
Luz eterna en la noche brilló:
es la gloria
del Hijo de Dios.
—Duerme el Niño Jesús. (Bis)

Noche de Dios,
noche de paz,
viene Dios a salvar.
Nochebuena en que alumbra el Amor
el ministerio escondido de Dios.
—Duerme el Niño Jesús. (Bis)

88. NOS LLAMAS AL CONVITE

B. Velado - A. Alcalde

1. Nos llamas al convite
del Pan y el Vino,
nos das tu Cuerpo y Sangre
para el camino.
De mil amores subimos
a la mesa de los mayores.

2. Desde el bautismo estamos
siempre contigo;
queremos serte fieles,
ser tus amigos,
seguir tus pasos
por la blanca vereda
de tus mandatos.

3. Nos llamas a la mesa
de tu Palabra,
que guía nuestros pasos
y es luz del alma;
te escucharemos
y tu presencia al mundo
descubriremos.

Comentario

ORIENTACIONES PRÁCTICAS. REPARTO DE FUNCIONES

— En la litúrgica cada ministro tiene su misión. Ni el celebrante ni los diversos animadores ni ningún grupo de niños deben ser los acaparadores de las funciones que no les correspondan.

— Hay padrecitos que lo acaparan todo. Se pasan ordenando, hablando y vigilando toda la celebración. Yo pienso: ¡Que bueno sería que este padre respirara alguna vez! Al menos durante ese poco tiempo habría un momento de silencio.

— Hay catequistas que parecen guardias de tráfico, todo lo quieren ordenar.

— Hay niños y niñas que se parecen a «doña leona», siempre lo quieren leer todo. Aunque hay otros niños o niñas que se parecen a «doña avestruz», se esconden para que no les manden hacer nada.

— Durante las celebraciones cada uno debemos desempeñar el ministerio que nos encomienden y nada más y debemos intentar desempeñarlo con mucha dignidad.

89. OH SEÑOR, YO NO SOY DIGNO

J. M. Beobide

Oh Señor yo no soy digno
de que entres en mi morada,
más di una sola palabra
y mi alma quedará sana. (3 veces)

90. ORACIÓN

Mariano Fuertes

Vengo a rezarte a ti, mi Señor,
un salmo de alabanza,
como rezó el niño David
y el pueblo de Israel.

Comentario

PADRENUESTRO

El Padrenuestro es mi oración preferida. Se puede recitar o cantar. (Ver el misal.)

— Hay liturgistas que prefieren que no se cante. Otros se inclinan por un amplio recitativo, algo así como si fuese medio cantado.

— Nosotros elegiremos la forma de oración cantada cuando así lo aconseje nuestra celebración.

— Siempre hay que elegir el texto litúrgico aprobado por la Iglesia. No debemos sustituirlo por textos parecidos.

— Elegir las melodías que más nos inviten a la oración. Ciertas melodías populares o popularizadas hay que olvidarlas.

— La fórmula mozárabe de contestar a cada versículo con «AMÉN» también es muy enriquecedora.

Otro detalle. Hay sacerdotes o animadores que invitan a los fieles a agarrarse de las manos, otros les invitan a levantarlas. De hacer algún signo, lo más propio es levantar las manos, el juntar las manos debemos reservarlo para el momento de la paz.

91. PADRE NUESTRO

Padre nuestro, que estás en el cielo,
santificado sea tu Nombre;
venga a nosotros tu reino,
hágase tu voluntad
en la tierra como en el cielo.
Danos hoy nuestro pan de cada día,
perdona nuestras ofensas
como también nosotros perdonamos
a los que nos ofenden;
no nos dejes caer en la tentación
y líbranos del mal. Amén.

92. PATER NOSTER

Pater noster, qui es in caelis:
sanctificétur nomen tuum;
advéniat regnum tuum;
fiat volúntas tua,
sicut in caelo, et in terra.
Panem nostrum cotidiánum
da nobis hódie;
et dimítte nobis débita nostra,
sicut et nos dimíttimus
debitóribus nostris;
et ne nos indúcas in tentatiónem;
sed líbera nos a malo.

93. PANGE LINGUA

1. Pange lingua gloriosi
corporis mysterium.
Sanguinisque pretiosi
quem in mundi pretium.
Fructus ventris generosi
rex effundit gentium.

2. Nobis datus, nobis natus
ex intacta Virgine.
Et in mundo conversatus
sparso verbi semine,
sui moras incolatus
miro clausit ordine.

3. In supramae nocte coenae,
recumbens cum fratribus
observata lege plene,
cibis in legalibus
cibun turbe duodenae
se dat suis manibus.

4. Verbum caro panem verum
verbo carnem éfficit
fitque sanguis Christi merum,
et, si sensus déficit,
ad firmándum cor sincérum
sola fides súfficit.

5. Tamtum ergo... (Ver en la T.)

Comentario

PAZ

Hay liturgistas que opinan que sería preferible no cantar nada durante la paz y menos si con ello reemplazamos el canto del «Cordero de Dios».

Cuando se cante, tanto si lo hace el coro sólo como si participan todos, debemos terminar cuando terminen los saludos. Generalmente será un canto breve.

Hay algunos niños y niñas que aprovechan este momento para darse unas carreritas por la iglesia. No hace falta que vayáis tan deprisa. Un poquito de calma muchachos que ni papá ni mamá se piensan escapar.

94. PAZ

Mariano Fuertes

Quiero paz,
para el mundo quiero paz,
para todos quiero amor,
paz y amor.

Quiero paz,
para el mundo quiero paz,
para todos quiero amor,
paz y amor.
Paz y amor.

1. En tu familia, dirás,
en el colegio, dirás,
entre tus juegos, dirás:
yo quiero paz.
Con tu sonrisa, dirás,
con tu trabajo, dirás,

con tu cariño, dirás:
Yo quiero paz.

2. Al Dios del cielo, dirás,
a cada niño, dirás,
a cada hombre, dirás:
Yo quiero paz
Con tu esperanza, dirás,
con tu acogida, dirás,
con tus amigos, dirás:
Yo quiero paz.

95. PAZ, SEÑOR

Carlos Laporta

1. Paz, Señor, en el cielo y la tierra.
Paz, Señor, en las olas del mar
Paz, Señor, por las flores que mueren
sin saberlo la brisa al pasar.

2. Tú, que has hecho las cosas tan bellas,
les has dado una vida fugaz;
pon, Señor, tu mirada en nosotros,
y devuelve a los hombres la paz.

3. Hoy, Señor, he visto en el cielo
suspendidas de un rayo de luz
dos palomas que alzaban el vuelo
con las alas en forma de cruz.

4. Haz, Señor, que vuelvan a la tierra
las palomas que huyeron, Señor,
y la llama que enciende la guerra
se consuma en la paz y el amor.

5. Paz, paz, paz y amor.
Paz, paz, paz, Señor.

96. PAZ Y BIEN

A. Alcalde

Paz y bien, hermano mío.
Paz y bien en el Señor.
Paz y bien, amigos míos.
—Os deseo todo bien. (Bis)

1. Cuando digo «paz y bien»
se me alegra el corazón.
Cuando digo «paz y bien»
doy gracias al Creador.

2. Cuando digo «paz y bien»
soy hermano universal.
Cuando digo «paz y bien»
hago del mundo mi hogar.

3. Cuando digo «paz y bien»
siento en mí la libertad.
Cuando digo «paz y bien»
vivo la fraternidad.

97. PEDRO EL PESCADOR

Mariano Fuertes

1. Dios te dio las llaves
humilde pescador;
todas sus promesas
Jesús te cumplió.
En Cafarnaún
nadie imaginó
la misión que a Pedro
le confía Dios.

De patrón de una barca allá en el mar,
Dios te hizo capitán de una nave singular.
Desde hoy pescador, pescador serás
de los hombres que eligió el Señor.
De los hombres que eligió el Señor.

2. Dios te llama Pedro,
   la piedra angular.
   Su incipiente Iglesia
   en ti apoyará.
   En Cafarnaún...

3. Siempre caminaste
   al lado de Jesús.
   Él será tu vida;
   su cruz es tu cruz.
   En Cafarnaún...

98. PESCADOR DE HOMBRES

C. Gabaráin

1. Tú, has venido a la orilla,
   no has buscado ni a sabios ni a ricos,
   tan sólo quieres que yo te siga.

Señor, me has mirado a los ojos,
sonriendo, has dicho mi nombre.
En la arena he dejado mi barca,
junto a Ti, buscaré otro mar.

2. Tú sabes bien lo que tengo,
   en mi barca no hay oro ni espadas,
   tan solo redes y mi trabajo.

3. Tú necesitas mis manos,
mi cansancio que a otros descanse,
amor que quiera seguir amando.

4. Tú, pescador de otros lagos,
ansia eterna de almas que esperan,
amigo bueno, que así me llamas.

99. PON TU MANO

Popular

1. Pon tu mano en la mano
de aquel que te da la mano.
Pon tu mano en la mano
de aquel que te dice: «ven».
Él será tu amigo para la eternidad.
Pon tu mano en la mano
de aquel que te dice: «ven».

2. Pon tu mano en la mano
de Jesús de Galilea.
Pon tu mano en la mano de
aquel que te dice: «ven».

3. Pon tus ojos en los ojos
de aquel que te está mirando.
Pon tus ojos en los ojos
de aquel que te dice: «ven».

4. Pon tus pasos en los pasos
de aquel que va caminando.
Pon tus pasos en los pasos
de aquel que te dice: «ven».

100. POR LOS NIÑOS
(OFRENDA DE AMOR)

G. Fernández

1. Por los niños que empiezan la vida,
   por los hombres sin techo ni hogar,
   por los pueblos que sufren la guerra
   te ofrecemos el vino y el pan.

Pan y vino sobre el altar
son ofrenda de amor,
pan y vino serán después
tu cuerpo y sangre Señor. (Bis)

2. Por los hombres que viven unidos,
   por los hombres que buscan la paz,
   por los pueblos que no te conocen,
   te ofrecemos el vino y el pan.

3. Por aquellos a quienes queremos,
   por nosotros y nuestra amistad,
   por los vivos y por los difuntos
   te ofrecemos el vino y el pan.

Comentario

PRESENTACIÓN DE LAS OFRENDAS

Tanto si hay precesión de ofrendas como si no se hace, las normas actuales nos permiten:

— Cantar un canto de ofertorio.

— Escuchar al coro.

— Interpretar con un solista o solistas una composición.

— Escuchar al órgano o a la orquesta.

— Hacer una representación alusiva al momento y al día.

— Con niños, niñas, jóvenes... hacer la procesión de ofrendas con movimiento.

Presentamos a Dios, ante todo, nuestras ofrendas del pan y del vino, frutos de la tierra. Presentar otras cosas parece que no es muy adecuado. A veces los ofertorios se parecen a un mercado persa: llevan lechugas, patatas, frutas, especias... camellos todavía no he visto llevar... Solamente les falta decir: ¡Quién compra!

Más que ofertorios parecen ferias de muestras.

Q

101. ¿QUÉ QUIERES DE MÍ?

Evaristo F. Pérez

Me preguntan, mi Señor,
qué te puedo ofrecer;
¡si tan sólo soy un niño!,
¡si es tan poco mi poder!,
puedo darte mi cariño
y ofrecerte mi niñez. (Bis)
¿Qué más puedo hacer por ti
si tu vida la entregaste
para hacerme libre a mí?
Puedo, Señor, confiar
esperando ir contigo
y entre tanto amar, amar.

102. QUÉDATE, SEÑOR

C. Carismática

Quédate, Señor, quédate, Señor,
quédate, Señor, en cada corazón.
Quédate, Señor, quédate, Señor,
quédate, Señor, aquí, aquí, aquí.

El Espíritu de Dios se mueve,
se mueve, se mueve.
El Espíritu de Dios se mueve
dentro de tu corazón.

Oh, hermano, deja que se mueva,
se mueva, se mueva.
Oh, hermano, deja que se mueva
dentro de tu corazón.

103. QUÉDATE JUNTO A NOSOTROS

E. V. Mateu

Quédate junto a nosotros
que la tarde está cayendo,
pues sin Ti a nuestro lado
nada hay justo, nada hay bueno.

1. Caminamos solos por nuestro camino
cuando vemos a la vera un peregrino.
Nuestros ojos ciegos de tanto penar,
se nos llenan de vida, se nos llenan de paz.

2. Buen amigo, quédate a nuestro lado,
pues el día ya sin luces se ha quedado;
con nosotros quédate para cenar
y comparte mi mesa y comparte mi pan.

3. Tus palabras fueron la luz de mi espera
y nos diste una fe más verdadera;
al sentarnos junto a Ti para cenar,
conocimos quién eras al partirnos el pan.

104. QUEREMOS DARTE GRACIAS

B. Velado - A. Alcalde

1. Queremos darte gracias
por estos dones;
rebosan de alegría

los corazones.
Hoy renovamos
las promesas que hicimos
al bautizarnos.

2. Nos has dado tu vida,
tu Cuerpo y Sangre,
nos has dado tu Iglesia,
tu misma Madre.
Somos cristianos
y de todos los hombres
somos hermanos.

3. Nos guía y fortalece
tu mismo Espíritu,
hasta llegar al Padre
siempre contigo.
Él nos revela
los misterios ocultos
en esta mesa.

R

105. RESUCITÓ

K. Argüello

Resucitó, resucitó,
resucitó, aleluya;
aleluya, aleluya,
aleluya, resucitó.

1. ¡La muerte!
¿Dónde está la muerte?
¿Dónde está mi muerte?
¿Dónde su victoria?

2. Alegría,
alegría, hermanos,
que si hoy nos queremos,
es que resucitó.

3. Si con Él morimos,
con Él vivimos;
con Él cantamos:
¡Aleluya!

106. RESURRECCIÓN

R. Benítez

1. Un granito de trigo
en la tierra acosté
y dormido se quedó,

unos meses pasaron
con agua, viento y sol,
y el grano despertó.
Y el grano despertó.
Un verde tallo creció,
que en rubia espiga cuajó;
y que al ritmo del viento
entonaba esta canción:

Ale, ale, ale, aleluya,
como el grano despertó.
Ale, ale, ale, aleluya
el Señor resucitó.

2. Como el grano de trigo
que un día se durmió,
yo también dormiré;
ya la vida gloriosa
de los hijos de Dios,
feliz despertaré.
Lo ha prometido el Señor,
que por nosotros murió;
y en la Cruz ha venido
al mundo la salvación.

SALMO RESPONSORIAL

Helí era un sacerdote del templo de Jerusalén, cuando Samuel, su monaguillo, le dijo: Padre, ¿qué digo a la voz que me llama de noche? Helí que se dio cuenta que era Dios quien llamaba a Samuel, le dijo: Cuando te vuelvan a llamar respondes: «Habla, Señor, que tu siervo escucha».

El Salmo Responsorial es la respuesta que los hombres damos a la palabra de Dios. Y como no tenemos mejores palabras que las que Dios mismo inspiró en los salmos, le contestamos con sus Palabras.

El Salmo Responsorial:

— Es un canto meditativo.

— Está tomado de la Sagrada Escritura, de los salmos.

— Está pensado para dar respuesta a esa Palabra concreta que nos acaban de anunciar.

— Lo mejor es cantar la Palabra de Dios que nos propone la liturgia.

No debemos sustituirlo nunca por cantos que tengan palabras de los hombres, de niños o niñas.

Comentario

SANTO

En un libro de la Biblia se lee:

«Habla a toda la comunidad de los israelitas y diles: Sed **santos**, porque yo, Yahveh, vuestro Dios, soy **santo**» (Levítico 19:2).

El ser santo es ser bueno. Hay algunos y algunas que no consiguen ser buenos. ¿Sabéis por qué? Muy fácil, ¡nunca se lo proponen!

Criterios para la selección del canto del santo:

— Es un canto de todos, de la asamblea. Hay que elegir aquellas composiciones en las cuales la asamblea sea la intérprete fundamental, aunque puede alternar con el coro o los solistas.

— Elegir aquellas composiciones con garra y con fuerza. Es un canto que necesita de una música llena, fuerte y vibrante. Debemos rechazar las músicas de composiciones realizadas para otros fines.

Características generales:

— El santo es la culminación del prefacio.

— Es la primera gran aclamación de la Plegaria Eucarística.

— Alaba a Dios porque es el Santo de los Santos.

— Recuerda la liturgia celeste, la entrada triunfal del Jesús en Jerusalén (Bendito el que viene... Hosanna). De ser una antigua súplica se transforma en un canto de aclamación jubilosa.

— En la celebración eucarística hay que evitar todos los santos que no tengan el texto litúrgico completo. El resto de las composiciones aunque lleven el nombre de «santo», debemos dejarlos para otros momentos no litúrgicos, como la catequesis, reuniones...

— En las eucaristías con niños se admiten otras posibilidades. Pero siempre que podáis acostumbraros a cantar el texto de la Iglesia. Espero que me hagáis mucho caso.

107. SANTO

Santo, Santo, Santo es el Señor,
Dios del Universo.
Llenos están el cielo y la tierra de tu gloria.
Hosanna en el cielo.
Bendito el que viene en nombre del Señor.
Hosanna en el cielo.

108. SANTO

Haendel - Adap.: Luna

Santo, Santo,
Santo es el Señor,
Dios del Universo.
Llenos están
el cielo y la tierra
de tu gloria, hosanna.

Hosanna, hosanna,
hosanna en el cielo. (Bis)

Bendito el que viene
en nombre del Señor.
Hosanna en el cielo, hosanna.

Hosanna, hosanna,
hosanna en el cielo. (Bis)

Comentario

SEÑOR, TEN PIEDAD

El «Señor, ten piedad» es una antigua fórmula tradicional, que se puede proclamar cantándola o recitándola. Estas aclamaciones estarían basadas en la antigua costumbre de vitorear al emperador romano cuando entraba en la ciudad.

Ante el criterio general de no sobrecargar de cantos los primeros momentos de la Eucaristía, en el «Señor, ten piedad» podemos alternar las fórmulas cantadas con las recitadas.

— Los «kyries» o «Señor, ten piedad» son aclamaciones a Cristo el Señor.

— Tienen la función específica de pedir perdón, pero no hay que olvidar que también son alabanza, homenaje y aclamación a Jesús el Señor.

— Debemos seleccionar con preferencia aquellas músicas que contengan alguno de los textos litúrgicos.

109. SEÑOR, TEN PIEDAD

Señor, ten piedad.
Señor, ten piedad
Cristo, ten piedad.
Cristo, ten piedad.
Señor, ten piedad.
Señor, ten piedad.

110. SEÑOR, TEN PIEDAD
(TÚ QUE SIEMPRE NOS PERDONAS)

C. Gabaráin

1. Tú que siempre nos perdonas
porque nos quieres mucho,
Tú que siempre nos perdonas,
Señor, ten piedad.

2. Tú que siempre nos escuchas
porque nos quieres mucho,
Tú que siempre nos escuchas,
Cristo, ten piedad.

3. Tú que siempre nos ayudas
porque nos quieres mucho.
Tú que siempre nos ayudas,
Señor, ten piedad.

111. SÍMBOLOS DE AMOR

David Campos R.

El pan que compartimos al comer
y el vino que compartimos al beber
son símbolo de unión,
son símbolo de amor,
son símbolo de lo que Tú
nos enseñaste a ser.

Tú nos has ofrecido tu cuerpo
y nos has ofrecido tu sangre
como signo de lo que nosotros
debemos hacer.
Ofreciendo nosotros la vida
ayudando a vivir a los otros
ya podemos sentarnos contigo
a comer y a beber.

112. SÍ, AQUÍ ESTOY

Mariano Fuertes

Tengo mis manos abiertas,
tengo mis manos dispuestas,
no esperes otra respuesta
que el sí de mi corazón.

1. Aquí estamos,
   Señor, la familia
   —porque hoy
   tu voz nos llamó.

2. Aquí estamos,
   Señor, los maestros,
   —porque hoy
   tu voz nos llamó.

3. Aquí estamos,
   Señor, los pequeños,
   —porque hoy
   tu voz nos llamó.

T

113. TAN CERCA DE MÍ

Pentecostal

Tan cerca de mí,
tan cerca de mí
que hasta lo puedo tocar,
Jesús está aquí.

1. Míralo pasando entre la gente,
   caminando entre la multitud,
   muchos no lo ven, porque ciegos van,
   ocupados sin saber mirar.

2. Le hablaré sin miedo al oído,
   le contaré las cosas que hay en mí
   y que sólo a Él le interesarán.
   Él es más que un mito para mí.

114. TANTUM ERGO

Tantum ergo Sacramentum
veneremus cernui:
et antiquum documentum
novo cedat ritui:
praestet fides supplementum
sensuum defectui.

Genitore, genitoque
laus et jubliatio,

salus, honor, virtus quoque
sit et benedictio:
procedenti ab utroque
compar sit laudatio. Amen.

115. TE ALABAMOS
(CANON. OFRENDAS)

Adap.: A. Alcalde - «Brother Sun, Sister Mon» - Dónovan

Te alabamos, oh Señor,
por el pan y el vino. (Bis)

116. TE CONOCIMOS AL PARTIR EL PAN

J. Madurga

1. Andando por el camino
te tropezamos, Señor.
Te hiciste el encontradizo,
nos diste conversación;
tenían tus palabras
fuerza de vida y amor,
ponían esperanza
y fuego en el corazón.

Te conocimos, Señor,
al partir el pan.
Tú nos conoces, Señor,
al partir el pan. (Bis)

2. Llegando a la encrucijada,
Tú proseguías, Señor;
te dimos nuestra posada,
techo, comida y calor.
Sentados, como amigos,
a compartir el cenar,
allí te conocimos,
al repartirnos el pan.

117. TE DAMOS GRACIAS, SEÑOR

J. A. Espinosa

Te damos gracias, Señor,
de todo corazón.
Te damos gracias, Señor,
cantamos para ti.

1. A tu nombre daremos gracias,
   por tu amor y tu lealtad,
   te llamé y me escuchaste,
   aumentaste el valor en mi alma.
2. Te alaban los reyes de la tierra,
   porque oyeron la voz de tu palabra;
   y en los caminos del Señor van cantando,
   porque grande es la gloria del Señor.
3. Si camino en medio de la angustia,
   me das vida a pesar del enemigo;
   Tú miras al pobre y al humilde,
   grandioso es el Señor.
4. Tiendes tu mano y me salvas,
   cumplirás tu favor hacia mí;
   Señor, tu amor es eterno,
   no abandones la obra de tus manos.

118. TE PRESENTAMOS EL VINO Y EL PAN

J. A. Espinosa

Te presentamos el vino y el pan.
Bendito seas por siempre, Señor. (Bis)

1. Bendito seas, Señor,
   por este pan que nos diste,

fruto de la tierra
y del trabajo de los hombres.

2. Bendito seas, Señor,
el vino Tú nos lo diste,
fruto de la tierra
y del trabajo de los hombres.

119. TEN PIEDAD

Vicente Morales - Brotes de Olivo

Ten piedad, ten piedad.
Ten piedad, ten piedad.

—Ten piedad, Señor, ten piedad.
Soy pecador, ten piedad. (Bis)

Y de mí, Cristo, apiádate.
Contra Ti yo pequé. (Bis)

—Ten piedad, Señor, ten piedad.
Soy pecador, ten piedad. (Bis)

120. TOMADO DE LA MANO

C. Carismáticas

Tomado de la mano con Jesús yo voy,
le sigo como oveja que encontró al pastor.
Tomado de la mano con Jesús yo voy
a donde Él va. (Bis)

Si Jesús me dice: «amigo,
deja todo y ven conmigo
donde todo es más hermoso
y más feliz».
Si Jesús me dice: «amigo,
deja todo y ven conmigo».

Yo mi mano pondré en la
suya e iré con Él.

Yo te llevaré, amigo,
a un lugar conmigo
donde el sol y las estrellas
aún brillan más.
Yo te llevaré, amigo,
a un lugar conmigo
donde todo es más hermoso
y más feliz.

121. TU PALABRA ME DA VIDA

J. A. Espinosa

Tu palabra me da vida
confío en ti, Señor.
Tu palabra es eterna
en ella esperaré.

1. Dichoso el que con vida intachable
camina en la ley del Señor.
Dichoso el que guardando sus preceptos
lo busca de todo corazón.

2. Postrada en el polvo está mi alma,
devuélvame la vida tu palabra,
mi alma está llena de tristeza;
consuélame, Señor, con tus promesas.

3. Escogí el camino verdadero.
Y he tenido presentes tus decretos;
correré por el camino del Señor,
cuando me hayas ensanchado el corazón.

122. UN MANDAMIENTO NUEVO

Popular

Un mandamiento nuevo
nos dio el Señor:
—Que nos amáramos todos
como Él nos amó. (Bis)

1. Acercaos, los hermanos,
   que es Dios mismo quien invita.
2. Dios perdona nuestras culpas,
   a su mesa nos invita.
3. El que no ama a sus hermanos
   no se acerque a este convite.
4. Perdonemos al hermano,
   como Él mismo nos perdona.
5. De su Cuerpo y de su Sangre
   se hace reo quien no ama.
6. Quien te come y no te ama,
   a sí mismo se condena.
7. Lo que hagamos al hermano,
   a Dios mismo se lo hacemos.
8. Quien no ame a sus hermanos
   miente si a Dios dice que ama.
9. La señal de los cristianos
   es amarse como hermanos.

123. UN NIÑO SE TE ACERCÓ

C. Gabaráin

Un niño se te acercó
aquella tarde,
sus cinco panes te dio
para ayudarte,
los dos hicisteis que ya
no hubiera hambre,
los dos hicisteis que ya
no hubiera hambre.

1. La tierra, el aire y el sol
son tu regalo,
y mil estrellas de luz
sembró tu mano.
—El hombre pone su amor
y su trabajo. (Bis)

2. También yo quiero poner
sobre tu mesa
mis cinco panes que son
una promesa,
—de darte todo mi amor
y mi pobreza. (Bis)

124. UNA CADENA

Mariano Fuertes

Una cadena quisiera formar
con los niños (hombres) que pueblan la tierra,
reunidos en torno a la paz
y olvidando que existe la guerra.
De una mano unidos a Dios,

con la otra tendida a cualquiera,
sea del norte, del sur, ¿qué más da?
Dios no quiere en el mundo fronteras.

1. Alcemos nuestras manos, alcemos nuestra voz,
unidos a otros hombres (niños), fundidos en amor.
Los brazos extendidos, abiertos sin temor,
dispuestos para el otro, que así los tiene Dios.

2. Los niños de la tierra, los hombres de paz,
formad un sólo cuerpo, formad un sólo hogar.
Unidas vuestras manos, muy fuerte sin soltar,
asidos siempre a Cristo, la luz y la verdad.

V

125. VAMOS AL FESTÍN
(LA IGLESIA SE VISTE)

B. Velado - A. Alcalde

La iglesia se viste
de nieve y de sol
al ver que los niños
se acercan a Dios.
Al ver que los niños
se acercan a Dios.
Cristo nos convida
alegres venid,
todos con los niños
vamos al festín.
Todos con los niños
vamos al festín.

1. Dios que te escondiste
en el blanco pan,
mi fe te descubre,
te quiero encontrar.
Fuente de aguas vivas,
dame de beber,
que vengo a tu mesa
por primera vez.

2. Vienes a hospedarte
en mi corazón;

voy a recibirte
con todo mi amor.
Tú eres el camino,
tú eres sumo bien.
Hoy vengo a tu mesa
por primera vez.

3. Madre Inmaculada,
más pura que el sol,
prepara tus hijos
a la Comunión.
Miembros de la Iglesia,
brotes de una vid,
con todos queremos
siempre compartir.

126. VAYAMOS JUNTOS AL ALTAR

A. Luna

Vayamos juntos al altar
alabando el nombre del Señor,
—venid los hambrientos,
venid los cansados,
venid a la fiesta de su pan. (Bis)

1. En su nombre nos hemos reunido,
su Palabra es fuente de verdad.
Unamos nuestras voces,
juntemos nuestras manos,
venid a la fiesta de su pan.

2. En domingo nos hemos reunido,
es la fiesta de tu comunidad.
Unid los corazones,
unamos nuestras manos,
venid a la fiesta de su pan.

3. Hoy la misa a todos nos congrega,
es la fiesta de la fraternidad;
unamos nuestras voces,
juntemos nuestras manos,
venid a la fiesta de su pan.

127. VEN, VEN SEÑOR

C. Gabaráin

Ven, ven Señor, no tardes,
ven, ven que te esperamos.
Ven, ven Señor, no tardes
ven pronto, Señor.

1. El mundo muere de frío,
el alma perdió el calor,
los hombres no son hermanos,
el mundo no tiene amor.

2. Envuelto en sombría noche,
el mundo sin paz no ve;
buscando va una esperanza;
buscando, Señor, tu fe.

3. Al mundo le falta vida,
al mundo le falta luz;
al mundo le falta el cielo,
al mundo le faltas Tú.

128. VIENEN CON ALEGRÍA

C. Gabaráin

Vienen con alegría, Señor,
cantando vienen con alegría, Señor,
los que caminan por la vida, Señor,
sembrando tu paz y amor. (Bis)

1. Vienen trayendo la esperanza
a un mundo cargado de ansiedad.
A un mundo que busca y que no alcanza
caminos de amor y de amistad.

2. Vienen trayendo entre sus manos
esfuerzos de hermanos por la paz,
deseos de un mundo más humano
que nacen del bien y la verdad.

3. Cuando el odio y la violencia
aniden en nuestro corazón,
el mundo sabrá que por herencia
le aguardan tristezas y dolor.

129. YO SOY EL AGUA VIVA
(JESÚS, AGUA VIVA)

A. Alcalde - C. Gabaráin

Yo soy el agua viva,
la fuente clara
que mana siempre.
—Yo te esperaba,
ven a beber.
Yo soy el agua
para tu sed. (Bis)

1. Yo tengo sed de vivir,
sed de felicidad.
Sed de tu plenitud,
sed de divinidad.

2. Samaritana sedienta,
cántaro rojo y vacío
yo voy buscando una fuente,
un manantial escondido.

3. Dame, Señor, de tu agua
que calme toda mi sed.
Si brota en mí tu agua viva
ya nunca más trendré sed.

130. YO TENGO UN AMIGO QUE ME AMA

C. Gabaráin

Yo tengo un amigo que me ama,
me ama, me ama,
yo tengo un amigo que me ama,
su nombre es Jesús.
—Y estaremos en su viña trabajando;
en la viña del Señor. (Bis)

1. Tú tienes un amigo que te ama,
te ama, te ama,
tú tienes un amigo que te ama,
su nombre es Jesús.

2. Tenemos un amigo que nos ama,
nos ama, nos ama,
tenemos un amigo que nos ama,
su nombre es Jesús.

3. Tenemos una Madre que nos ama,
nos ama, nos ama,
tenemos una madre quc nos ama,
la madre de Jesús.

131. YO TENGO UN GOZO EN EL ALMA

C. Gabaráin

Yo tengo un gozo en el alma, ¡grande!
gozo en el alma, ¡grande!
gozo en el alma y en mi ser;
¡aleluya, gloria a Dios!
Es como un río de agua viva, ¡viva!

río de agua viva, ¡viva!
río de agua viva en mi ser.

1. Ama a tu hermano y alaba a tu Señor,
   ama a tu hermano y alaba a tu Señor.
   Da gloria a Dios, gloria a Dios, Gloria a Él.
   Ama a tu hermano y alaba a tu Señor.
   Yo tengo un gozo...

2. Con alegría alaba a tu Señor,
   con alegría alaba a tu Señor,
   da gloria a Dios, gloria a Dios, gloria a Él.
   Ama a tu hermano y alaba a tu Señor.
   Yo tengo un gozo...

132. YO TENGO UNA MADRE

J. Sánchez

1. Yo tengo una Madre, (Bis)
   se llama María. (Bis)
   María es la Virgen, (Bis)
   y es Madre de Dios. (Bis)
   Yo cada mañana
   cuando me levanto
   la miro y la digo:
   —María te quiero
   por Madre, por Virgen
   y guapa también. (Bis)
   Sí, sí, sí, sí, sí, sí.

2. Yo tengo...
   Al ir por la calle
   con tantos peligros
   le digo en silencio:
   —No me dejes solo,
   protege mis pasos
   y hazme mejor. (Bis)

María es, María es
la Madre de Dios y mía también.
María es, María es
la Madre de Dios y mía también.
La Madre de Dios y mía también.

133. ZAQUEO

Mariano Fuertes

1. Mis negocios marchan bien, (¡bien, bien, muy bien!)
   requetebién,
   porque yo le sé sacar (¡mal, mal, muy mal)
   el sudor a los demás.
   Quiero ver a ese Jesús (guay, guay, guay, guay)
   no sé quién es.
   Si se tercia el negociar (silbar)
   algo en limpio sacaré.

Zaqueo, Zaqueo,
no piensas más que en dinero.
Por tantas estafas
te llaman el usurero.
Zaqueo, Zaqueo,
¿qué pasa por tu cabeza?
Con tantos afanes
olvidas otras riquezas.

2. A esa higuera subiré (bien...)
   sí, subiré.
   Por debajo ha de pasar (uh...)
   el Señor de Nazaret.
   Al llegar allí Jesús, (guay...)
   a él le habló.
   Y Zaqueo casi cae. (silbar...)
   ¡Vaya susto que llevó!

3. El Maestro quiere ir, (bien...)
sí, quiere ir
a tu casa a cenar. (guay...)
Tu invitado hoy será.

Comentario

CANTO FINAL

El canto de despedida lo podemos cantar o suprimir. El órgano, el coro, un solista o los músicos pueden acompañar la salida del templo.

Criterios para la selección del canto de despedida:

- — Seleccionar un canto que nos recuerde el salmo responsorial.
- — Un canto a la patrona o patrono.
- — Un salmo de acción de gracias.
- — Un canto que nos anime a prolongar la Eucaristía.
- — Un «leit-motiv» apropiado.

Conclusiones

— Las normas se dan para ser luz y guía en nuestras celebraciones. Conviene conocerlas para practicarlas.

— En el arte manda la creatividad, el buen gusto, la delicadeza, la inspiración. Los consejos que os hemos dado creemos que os ayudarán a cantar mejor las alabanzas del Señor.

— La Iglesia, que es muy sabia, nos dice: «En orden a la participación de los niños en los cantos del "Gloria", "Credo", "Santo" y del "Cordero de Dios" pueden emplearse, con temas musicales adecuados, interpretaciones propuestas, aprobadas por la autoridad competente, aun cuando no concuerden plenamente con los textos litúrgicos».

— Los niños y niñas siempre sois los privilegiados, aunque no en todos los sitios; que conste que no me da nada de pelusilla y que me alegra muchísimo; de pequeña era un poco «pelusona».

— Aquí me despido. Alguno dirá: ¡ya era hora! Os espero a todos en el cielo, pero que sea lo más tarde posible. Pienso apreciar el regalo de la vida que Dios me dio todo el tiempo que Él quiera y espero que sea mucho.

— ¡Adiós, amigos! «Cantad al Señor con alegría.»

Índice

Índice temático

SANTO

Sanctus - Misa de Angelis (Gregoriano).
Santo (Haendel - Luna).

ACLAMACIÓN AL MEMORIAL

(Ver aclamaciones).

GRAN AMÉN

Amén (C. Gabaráin).
Amén (A. Alcalde).
Amén (M. Fuertes).

PADRE NUESTRO

Padre nuestro.
Pater noster.

LA PAZ

La paz esté con vosotros.
Paz y bien.
Paz (M. Fuertes).
Una cadena.

CORDERO DE DIOS

Agnus Dei - Misa de Angelis (Gregoriano).

COMUNIÓN

Cerca de Ti, Señor.
Comeremos de la mesa del Señor.
El Señor Dios nos amó.
El pan de vida (Tú eres el pan de vida).
Estoy llamando a tu puerta (Y cenaré contigo).
Jesús es Señor.
Jesús está en ti.
Nos llamas al convite.
Pange lingua.
Pescador de hombres (Tú has venido a la orilla).
Quédate, Señor.
Símbolos de amor (El pan que compartimos).
Tan cerca de mí.
Te conocimos, Señor (Pascua).
Un mandamiento nuevo.
Vamos al festín (La iglesia se viste).
Yo soy el agua viva.

POSTCOMUNIÓN

Al atardecer de la vida.
Como el Padre me amó.
Estoy pensando en Dios.
Gracias (Hoy te doy las gracias mi Señor).
Y ahora, Señor.

CANTO DE DESPEDIDA

Adiós, adiós amigo.
Amor es vida.
Corazón generoso (Tenemos un corazón).
Demos gracias al Señor.
Escucha hermano (Himno a la alegría).
La misa no termina.
Mil gracias.

Queremos darte gracias.
Si en verdad Dios te ama.
Una cadena.

ADVIENTO

Juan.
Ven, ven, Señor, no tardes.

NAVIDAD

A Jesús que va a nacer.
Adeste fideles.
Alegría, alegría.
Campana sobre campana.
Cascabel.
Chiquirritín.
El tamborilero.
El Niño Dios.
Los peces en el río.
Llévale este trigo, trigo.
Niños del mundo, venid al portal.
Noche de Dios.
Virgen Soberana.
Ya viene la vieja.

CUARESMA - SEMANA SANTA

Como el Padre me amó.
La alegría del perdón.
Lo siento, perdón.

PASCUA

Canta aleluya al Señor.
Gloria, gloria, aleluya.
La fiesta del Señor.
Resucitó.
Resurrección.

DIOS PADRE

Dios es fiel.
Pater noster.

SEÑOR JESÚS

Como el Padre me amó.
Cristo te necesita para amar.
El Señor me amó con su gran bondad.
Jesús está en ti.
Jesús es Señor.
Jesús: Dejad que los niños.
Junto a Ti al caer de la tarde.
No adoréis.
Resucitó

ESPÍRITU SANTO

Espíritu Santo, ven.

BAUTISMO

Yo soy el agua viva.

ALABANZA - HIMNOS

Alabaré, alabaré.
Alabo tu bondad.
Canta aleluya (Josico).
Quédate junto a nosotros.
Tantum ergo.
Yo tengo un gozo.

ACCIÓN DE GRACIAS

Demos gracias al Señor.
Gloria y alabanza.
Gracias (Hoy te doy las gracias mi Señor).

Mil gracias.
Muchas gracias (Y por qué).
Queremos darte gracias.
Te damos gracias, Señor.

EVANGELIZACIÓN - VOCACIÓN - ENTREGA

Estoy pensando en Dios.
La alegría del perdón.
Pescador de hombres (Tú has venido a la orilla).
Sí, aquí estoy.
Yo tengo un amigo.
¿Qué quieres de mí?

MARÍA

Cuántas veces siendo niño.
Hoy te quiero cantar.
María y Simeón.
María (Mamá).
Mientras recorres la vida.
Mis dos mamás.
Yo tengo una madre.

NIÑOS - CATEQUESIS

Al principio.
Alegría amigo (No has nacido).
Amor es vida.
Batid palmas.
Conmigo puedes contar (Por eso estamos aquí).
Corazón generoso.
Credo.
Creo en Jesús.
Cuéntame un cuento.
Día y noche.
El Señor me amó.
Felices.
Gloria y alabanza.
Hola, Dios.
José, el carpintero.
Juan.
La luz.
Los animales.
Mamá.
María de Magdala.
Mueve tus pies.
No has nacido amigo (Alegría amigo)
Oración.
Paz y bien.
Pedro, el pescador.
Por los niños que empiezan la vida.
Sí, aquí estoy.
Tomado de la mano.
Un niño se te acercó.
Una cadena.
Vamos al festín (La iglesia se viste).
Yo tengo un gozo.
Yo tengo un amigo que me ama.
Yo soy el agua viva.
Zaqueo.

Direcciones de algunas de las Editoriales donde han publicado las obras de los cancioneros Hosanna.

- **Ediciones San Pablo**. C/ Protasio Gómez, 15. 28027 Madrid. Tel. 91 742 51 13.
- **PAX-PPC**. C/ Agastia, 80. 28034 Madrid. Tel. 91 744 45 50.
- **Editorial CCS**. C/ Alcalá, 166. 28028 Madrid. Tel. 91 725 20 00.
- **Producciones de la Raíz**. C/ Trafalgar, 23-3. 2ª. 08010 Barcelona. Apdo. 31081. Tel. 93 268 02 74. Fax: 93 268 46 93.
- **CLN. Cantoral Litúrgico Nacional**. Secretariado Nacional de Liturgia. C/ Añastro, 1. 28033 Madrid. Tel. 91 766 35 00.
- **Ateliers e presses de Taizé**, F-71250 Taizé Communaute.
- **Ediciones S. Pío X**. C/ Marqués de Mondéjar, 32. 28028 Madrid. Tel. 91 256 28 17.
- **SEEMSA. Sociedad Española de Ediciones, S.A.** C/ Alcalá, 70. 28009 Madrid. Tel. 91 577 07 51
- **Encontros de Música Relixiosa**. Vicaría de Pontevedra. Praza de A. Fonseca. Pontevedra. Tel. 986 85 22 19.

A todos: compositores, propietarios, editoriales y representantes, nuestro más sincero agradecimiento por facilitar nuestra labor con su apoyo, informaciones, permisos y materiales. Muchas gracias.

* * *

AVISO: Dada la complejidad que entraña catalogar todas las obras de los cancioneros, les rogamos que si alguna persona o entidad no está consignada correctamente nos lo comunique para rectificar y cumplir con nuestras obligaciones morales y legales.